新編 同志社の思想家たち

上

沖田行司［編著］

THINKERS of DOSHISHA

晃洋書房

はじめに

和田洋一編『同志社の思想家たち』上・下巻が出版されてから半世紀の歳月が流れた。新島襄から始まる上巻の出版年は一九六五年一一月三〇で、徳富蘇峰から始まる下巻は一九七三年七月一日の奥付がある。執筆者には当時の同志社を代表する研究者が名を連ねている。その間、それぞれの人物の研究は新たな資料などの発掘を通して深められ、その評価も大きく変わったものもある。たとえば、前著『新島襄全集』全一〇巻の刊行は新島研究を発展させ、多くの研究成果を生み出している。また、上巻が出版された頃は、一九六〇年代から七〇年の初めにかけての時代状況を鋭く反映している。上巻が出版された頃は、大学の大衆化が始まり、大学教育の理念がゆらぎ、私学の建学の精神も色褪せてきた時期に相当する。そこで、同志社で学び、社会的な影響力をもった人々の思想と精神の軌跡を辿ることにより、私学同志社の意義と役割を再評価しようとするメッセージ性が見られる。

下巻は、同志社大学の学園紛争を契機として、警察権力の学内導入をめぐり様々な意見が錯綜し、大学の構成員の中でも対立が生じた時期である。執筆者の多くがリベラル派と呼ばれた人々であったこともあり、出版の意図も「新島襄のつくった同志社がここまでおちこんだか」という「反省の記録」として意味づけをされている。

半世紀を隔てて上下二巻を読み返してみると、同志社の歴史の証言として深い意味も発見できるが、中にはグローバル化された時代の新たな課題に対応しえる視点が見えてこないものもある。同志社の建学の精神が希薄になり、同志社で研究・教育に従事することや働き・学ぶことの意味が見えにくくなっている現実は、ある意味で半世紀前の状況と共有できるところもある。

執筆者には、同志社で学び同志社の教壇に立って教育・研究活動に携わっている若い研究者を中心に現在の日本と同志社が直面している高等教育の課題を視野に入れながら執筆をお願いした。もちろん足りないところがあるが、それは偏に編者の責任である。この書物が、私学同志社の在り方に関する議論を引き起こすことができれば、本書出版の目的を半ばは達成できたと考える。出版事情の厳しい中お引き受けいただいた晃洋書房と編集部の西村喜夫氏に感謝の意を表したい。

沖田　行司

付記

なお引用文には読みやすさを考慮して、原文にはないルビを付した。

目　次

第1章　新島　襄――「私立」する精神

沖田 行司

新島襄肖像画　1890年
（出典）同志社創立140周年記念『はじまりの地』同志社社史資料センター，2015年

新島襄（にいじま・じょう　一八四三―一八九〇）

は、一八四三（天保一四）年一月一四日、上州安中（あんなか）藩士の祐筆職にあった新島民治の長男として、神田一ツ橋の安中藩江戸屋敷に生まれた。幼名を七五三太（しめた）と称し、後に襄と改めた。新島家の家禄は六両二人扶持で、祖父の弁治は足軽から身を起こした人物であった。一三歳の時に学問で身を立てる機会を得たが翌年挫折し、少年期から青年期にかけて憂鬱な日々をおくった。一八六四（元治元）年、箱館から脱国して翌年ボストンに到着した。身よりもなく無謀な冒険であったが、篤志家で熱心なキリスト教徒のアルフィーアス・ハーディーの保護の下、フィリップスアカデミーからアマースト大学、アンドーヴァー神学校を経て一〇年後に帰国し、一八七五（明

治八)年に京都の地に同志社英学校を創設した。青年に夢と希望を与える学び舎を目指し、神学部だけではなく、医学部から法・文学部、理工学部など、総合大学の創設を目指したが、志半ばにして病に倒れ、一八九〇年(明治二三)一月二三日に神に召された。

新島襄については同志社の設立以来、同志社人によって、さまざまに語られてきた。慶應義塾を創設した福沢諭吉に比べれば新島は主要著書と呼ばれるものを残しておらず、研究者の「立場性」に規定されて解釈されることが多かった。また、同志社はキリスト教を建学の精神とする私学であったことから、戦前の皇国史観の影響を強く受けた国家主義の時代に、受難の歴史を歩まなければならなかった。この状況下で、徳富蘇峰などによって「新島襄ストーリ」が構築されたことも事実である。戦後はこれに民主主義・自由主義者としての「新島ストーリ」が付け加えられた。

近年は、新島襄全集も刊行され、これまでの新島襄の評価とはかなり異なる新島研究が登場してきた。内村鑑三や植村正久などの、新島を批判的に見た同時代のキリスト者の視点を継承した研究も刊行されるようになった。これらの研究を踏まえて、日本の近代思想史上における新島襄の位置付けと、新島が同志社に託した思いや建学の精神の再検討を試みたい。

1 青春の挫折と憂鬱

新島家は、武士としての身分は高くはなかったが、書道塾を開くなど、生活は比較的安定していたといわれている。

新島が生まれた天保期は藩政改革の一環として人材教育が普及し始めた時期である。江守一郎は「「勉強」時代の幕開け」（平凡社選書、一九九〇年）と表現している。下級武士の子弟にとっては、身分階層を上昇する機会の到来でもあった。

安中藩では、幕末の名君の一人と称された板倉勝明が藩主につくと、積極的な人材育成政策を展開した。一八五六（安政三）年に蘭学者田島順輔を招聘し、若い優秀な家臣を三名選んで蘭学を学ばせた。その中の最年少が一三歳の新島であった。しかし、田島順輔は一年足らずで長崎に赴いたため、新島の蘭学への関心は深まらなかったが、漢学の学習へと意欲を燃やし、翌年には漢学所の助教に任命された。祖父や父親とは異なる人生がまさに始まろうとしていた矢先に、開明政策を推進してきた藩主が急逝した。新藩主の座に、その弟勝殷がつくと、新島を取り巻く環境が大きく変化した。新藩主は人材養成には関心を示さず、学問奨励策も頓挫した。勉学に夢と希望を抱いていた新島は大きな挫折を体験することになる。後に「私は学問を続けようという望みが一切ふっとんでしまった様に感じた」（「脱国の理由」『新島襄全集』第一〇巻、以下『全集』と略記）と述べている。また、新しい藩主に対しては「嗚呼（ああ）、（勝殷）可レ誅乎（ちゅうすべきか）」というように厳しい言葉で批判し、「私は君命を無視したかどで出仕を放免されることを願っていた」（同前）というように、さまざまな抵抗を試みている。

武士にとって忠誠心の喪失は、武士のレーゾンデートル（存在理由）にかかわる問題である。幕末の政治状況で、藩主や将軍への忠誠を天皇に、藩や幕府への忠誠を新しいまだ見ぬ統一国家へと移してゆくことは特に稀有なことではなかった。しかし、新島のように忠誠心そのものを喪失することは、武士にとって危機的な状況であり、極めて特異であったといえよう。新島が他の幕末の青年たちと決定的に異なる点はここにある。新島の思惟のベクトルは、天皇や統一国家という、より高次の権力に向かわずに、私的な内省へと向かい、何ものにも束縛されない生き方への模索を通して、新たな自己の発見へと向かう。

一八五八（安政五）年に日米の通商条約が締結され、本格的に開国の波が押し寄せると、国内では尊王攘夷論や開国論に加えて将軍継嗣問題と絡んで、討幕派と佐幕派というように、武家の社会を二分する対立として展開した。一五歳の新島はこうした状況について「此比四方の風談を聞くに、天下に大乱有るを恐るる」（「尾崎直紀宛書簡」『全集』第三巻）というような認識を披瀝した後、自分の身の処し方について次のように述べている。

若し諸侯四方を割拠し、各々権を争はば、天下の勢は必ず弊る。天下の勢弊れば、亜夷必ず将に諸種攻来せんとす。此の如くんば、僕書を学ぶこと能はず。然るに今幸いに乱未だ起こらず、今学ばずんば恐らくは時を失はん。故に儒家に託して書を学ばんと欲す。然るに未だ俸を受けず。俸なければ、儒家に託すこと能はず。故に迷惑の所為を知らず。願はくば、君手書を幹父に贈り、幹をして書を学ばしめよ。（同前）

新島は、国内を二分する政治状況には関心を示さず、極めて醒めた目で状況を見つめ、「僕書を学ぶこと能はず」というように、内乱が起こる前に学問をしておきたいという個人的な関心に執着している。この書簡からは、内乱状態に陥っている危機的な状況と主体的にかかわろうとする新島の意思は読み取れない。新島は「黒船」がもたらした状況に対して、藩政改革や幕政改革または尊王攘夷論や討幕論というような政治世界に身を置こうとはしなかった。むしろ閉塞した封建体制の中で、如何に生きるのかという個人的・内面的な世界の問題へとその関心を向けていた。

祐筆補助役としての新島の仕事は、藩主の送迎や一日の記録をとることであった。こうした職務の合間に、新島は杉田玄随について再び蘭学を学ぶようになった。蘭学の学習は、「この新しい学問が強烈に面白くなると、殿様と父から有無を言わさずに押し付けられたあの義務を無視し始めた」（A・S・ハーディー「新島襄の生涯と手紙」『全集』第一〇巻）というように、藩と藩主に対する忠誠心を一層希薄にさせた。

新島襄の書斎

（出典）『同志社――その100年のあゆみ――』1975年，学校法人同志社

一八六〇（万延元）年に新島は藩主を警護して安中まで出かけたが、「安中から帰ってきたとき、私は藩主に仕えることにはもう全く厭気がさした」（同前）とさえ思うようになった。既に触れたように、幕末の政治状況において、このように藩や藩主を相対化することはそれほど特異なことではなかった。多くの「志士」は脱藩という形で国事に奔走するのであるが、いずれの場合にも武士としての忠誠心を放

棄するものではなかった。天皇または「皇国」（国家）に忠誠心を転化することによって、藩や藩主または将軍までも相対化する思想が登場した。しかし、新島の場合にはいずれにも相当しない。

新島に一つの転機となったのが、幕府の軍艦操練所への入所であった。新島はここで数学や航海術を学ぶとともに、洋式帆船に便乗して航海術の実際について学んだ。新島が入所した一八六〇（万延元）年一一月は、軍艦奉行木村喜毅摂津守を提督とし、勝海舟や福沢諭吉など九〇名あまりが咸臨丸で太平洋を横断して帰国した直後であった。新島はここで西洋をより身近なものとして理解し始めた。眼病と不眠症に悩んだ新島は二年ばかりで軍艦操練所を退所するのであるが、この頃に膳所藩士黒田麹盧が翻訳した『漂荒紀事』（「ロビンソン・クルーソー漂流記」）を読み、南海の孤島で何の束縛も受けず自由に生きて、しかも自立した人間の、「自治」生活に憧れを抱いた。また、中国伝道に従事していた宣教師が書いた漢訳の世界地理書『連邦志略』に強い感銘を受け、とりわけアメリカに関する事項を読んだときの感動を後に次のように記している。

私はそれを繰り返し読みました。すると驚嘆のあまり私の頭はとろけそうな気がしました。大統領を選ぶこと、自立の学校、公立救貧院、感化院、工場等をたてること。そこで私は、日本国の将軍はアメリカの大統領のようでなければならないと考えたのです。そして自分にこうつぶやきました。ああ日本国の将軍よ、なぜあなたはわれらを犬や豚のようにしいたげるのか。われらは日本の民だ。もしあなたがわれらを支配するつもりならば、あなたはわれらをわが子のように愛さなくてはならないのにと。その時以来、私はアメリカのことを知りたいと思うようになりました。（前掲「脱国の理由」）

新島を閉じ込めていた藩や藩主、それに封建体制そのものに対する失望は、西欧に対する「憧れ」と比例して強まった。西洋の出現を「国家」としての日本の危機とした「志士」と呼ばれる多くの青年とは異なり、新島は閉塞した社会に繋がれた自己を解放するものとして受け止めた。ここに、当時の青年には類を見ない「個人」としての主体性の自覚と自由と自立を求める日本の新しい青年象が見て取れる。武士の社会で、その本来的な属性としての忠誠心を喪失することによってもたらされた新島の疎外意識は、西洋に対する憧憬とともに、禁制の書である漢訳聖書と出会うことにより、新たに自己の存在を正当化するものへと転換してゆくのである。

2　脱櫪して千里を駆す

一八六四（元治元）年三月、新島は偶然にも函館へ航海する機会を得た。「函館に到着ののち適当な英語の教師を探しましたが、八方手をつくしても見つけることができません。そこで私の心は一変して、国外への脱出を考えるに至ったのであります」（前掲「脱国の理由」）新島は函館に到着後、国外への脱出を思いついたと述べている。当時、江戸から遠く離れた函館は西洋人と出会い、西洋文明に直接触れることができる別天地で、まさに西洋への窓口であった。

西洋の出現を、日本にとっての脅威として、それに対応しうる国家を創出するというのが、幕末の志士の変革意識の基底にあった。しかし、新島にとって、西洋は新島自身を閉じ込めてきた時代と体制を否定する根拠にほかならなかった。「脱国の理由」は、新島を束縛してきた体制の否定から始まり、すぐれた西洋の知識を学ぶことの意義について論じ、最後にキリスト教について学ぶことに言及している。

脱国以前に新島がキリスト教に言及した資料としては、函館においてニコライに宛てた書簡（「ニコライ宛書簡」一八六四〈元治元〉年五月、『全集』第三巻）があるが、これは後世に作られた偽書の疑いが濃厚である（沖田行司『新訂版日本近代教育の思想史研究』第三章参照）。脱国して一〇日ばかり経った日記に、新島は「今日セーロルより借りたる耶蘇経典を読む事少許なり。実に帰郷之上再び父母に逢たる心地恰も如此かと思はれ、心喜斜ならず」（「航海日記」『全集』第五巻）と記している。脱国という行為により、「私」の領域における「秘め事」としてのキリスト教が、藩や藩主に対する忠誠心等の「公」観念を相対化し、遂に新島の新たなる忠誠の対象として表出し、新島のアイデンティティを形成し始めた。「脱国の理由」で言及されている新島のキリスト教理解は、旧約聖書を中心とした天地創造に関する初歩的な知識であった。しかし、万物の創造主である神が造った世界に存在する自分を再認識することは、二〇年にもわたって新島の日常生活を秩序立て維持してきた、旧世界との決別を意味した。新島は「私の両親が私を生み、育ててはくれたが、私は本当は天の御父に属している。それ故私は天の御父を信じ、御父に感謝し、その道に従って走らなくてはならない」（前掲「脱国の理由」）というように、藩や藩主、それに徳川幕府などの世俗権力を相対化する「天の御父」に新たな忠誠の対象を発見するのである。ただし、新島にとってキリスト教への信仰は、脱国を促がした主要な要因ではなく、むしろ脱国の後で旧世界を拒否し、祖父や父から藩主に至るまでの忠誠観念を断ち切るものとして出現したことに留意しておきたい。

新島は、これまで見てきたように、幕末の政治状況の中に自らのアイデンティティを求めた多くの青年武士とは異なり、むしろ私的で非政治的な志向を強く持っていた。新島は武士社会そのものを、自分を束縛する閉塞した世界と認識した。

函館に着いて、新島は当初武田斐三郎について英語を学ぶ予定であったが、武田が江戸に帰ったために、ロシア正教会司祭ニコライに寄宿して日本語を教える傍ら英語を学んだ。函館に到着して二か月後の六月一四日夜半に、友人の福士成豊(卯之吉)の斡旋でアメリカ船ベルリン号に乗り込み、翌日上海に向かって出帆した。上海でワイルド・ローヴァー号に移り、香港マニラを経てアメリカに向かった。

新島の脱国の理由として、永い間「憂国」説が有力であった。教育勅語の発布以来、キリスト教を徳育の基礎に置く同志社教育に対して、強い圧力が課せられた。これに対して、徳富蘇峰をはじめ新島の教えを受けた人の中から、新島の脱国を「憂国の情」として位置づけ、「成功せり吉田松陰」というように、松陰の下田渡海と同じように印象づける言説が生まれた。また、新島自身もアメリカに向かう船上で中国人や白人から侮辱を受けたときに「憂国」の情に駆られた漢詩を読んでいるが、伊藤弥彦が指摘しているように、それは個人的な感情を読み込んだものに過ぎず、当時の日本の歴史的課題を

担ったものでないことは明らかである

一八六五（慶応元）年七月二〇日に一年余の航海を終えて、新島はボストンに到着した。新島は乗船してきた船主で熱心なピューリタンの信仰を持ったアルフィーアス・ハーディー夫妻の援助でアメリカ生活を始める。ハーディー夫妻は新島を、自ら理事を務めていたフィリップス・アカデミーに入学させ、基礎教育を受けさせた後にアマースト大学に進ませ、さらにアンドーヴァー神学校を卒業するまでの九年間にわたって、新島のアメリカ滞在に必要な学資や生活費のすべてを援助した。新島はハーディー夫妻にかなりの数の手紙を送っている。それらのほとんどに共通しているのは、キリスト教信仰に言及していることである。ボストンに上陸して間もない頃、新島は脱国を手助けしてくれた函館の友人に次のような近況報告をしている。「日曜日ごとに聖書を教わります。すべての教師と生徒、またぼくのことを知っている多くの人たちがぼくに興味をもち、ぼくを愛してくれます。また中にはぼくを喜ばせるために物をくれます。けれども、彼らがこうしたことをするのはぼくのためというよりは、主イエス・キリストのためなのです」（「福士卯之吉宛書簡」一八八六年二月二三日、『全集』第一〇巻）。つまり、キリスト教への信仰は新島にとってアメリカ人に受け容れられ、人間関係を築き上げる大前提でもあった。

新島は姉から日本国内の混乱を伝えられ、帰国を懇願する手紙を受け取ったとき、ハーディー夫妻に対しては「今帰国すれば戦争に参加しなければならないでしょう。そんな野蛮な戦争で殺される気は毛頭（もうとう）有りません。代りに私は救いのかぶとをかぶり、御霊の剣、すなわち神の言を取ってサタンに対する戦いに身を捧げる覚悟です」（「ハーディー夫妻宛書簡」一八六八年四月二七日、『全集』第一〇巻）と書き送って、帰国することを拒否している。しかし、この頃から日本の両親や弟に宛てた手紙には、「我不肖と雖も、切に国家の不振を憂へ、万一の力を竭さんとの合点申ながら犯し難き国禁を犯し、難別き君父に別し、断然此非常の挙を為し」（「新島双六宛書簡」一八六五年、『全集』第三巻）や「此挙敢而君父を捐るにあらず、全く国家の為に寸力を竭さんと存じ、中心燃えるが如く遂に此挙に及び候」（「新島民治宛書簡」一八六六年二月二一日、前掲書）というように、脱国を「国家の為」に断行したと繰り返し述べるようになった。

一八六七（慶応三）年一月に軍艦受け取りのために幕府の一行が訪米した時、この情報を得た新島は関心を示しながらも会おうとはしなかった。しかし、この直後に新島は、国禁を犯して渡米した薩摩藩からの留学生と出会っている。かつて新島の「自由」を抑圧した旧体制の弱体化を知らされ、徳川幕藩体制の崩壊の後に来る「国家」に帰国の可能性を見い出すのである。

僕不肖と雖、国家の為に寸力を竭さん事は、僕赤心望む所、然れども僕は今脱櫪不羈の身、神の徒となり候故再び頭を下げ、藩邸に帰り、僅かの俸禄を甘ぜん事を嫌ふ、去れど僕、敢而富貴功名を望むに非ず、富貴功名は花上草頭の霜露なり、僕は真神の臣にして我日本の民なる故、真神日本の為に丹心を尽さん事は、僕の急務と云ふべし。

（「飯田逸之助宛書簡」一八六七年一二月二五日、前掲書）

安中藩の大目付であった飯田逸之助に、文明の宗教であるキリスト教が国家富強に不可欠であることに加え、「国を憂い、民を愛す」る志が日に日に強まっていると記し、帰国の斡旋を依頼する手紙を送っている。「国家の為に寸力を竭す」ことと、藩や幕府に仕えることに対する抵抗と嫌悪という自己矛盾は、新島が帰国を考える際の見えざる障壁となっていた。しかし、徳川幕府が崩壊して新しい国家が樹立したことは、新島に帰国の展望を与えた。

一八七一（明治四）年に岩倉具視を全権大使とする使節団が欧米に派遣された。日本の近代化のための調査と幕末に締結した不平等条約の改正のための下交渉がその目的であった。岩倉使節団一行に先立ち、当時アメリカに駐在していた弁務使の森有礼が、日本人留学生を招集して使節団受け入れの協力を要請した。新島はたびたび森に招待され、ハーディーが新島のために支出したリストを提出するように告げられたが、「森に対してその支払いをなされば、私はその金によって日本政府に縛られるようになる」という危惧を表明し、「自由な日本市民」としてとどまりたいと述べている（「フリント婦人宛書簡」一八七一年三月二一日、『全集』第一〇巻）。このように、日本国からアメリカ留学の金銭的な援助の申し出を受けるが、断固としてこれを拒否している。また、森から留学免除と旅券の申請を勧められたとき、「キリスト教信仰を隠したまま帰国したくないこと、むしろキリストの愛の中を歩み、また自己の良心の光に照らして行動するキリスト者として帰国したい」（「ハーディー夫人宛書簡」一八七一年六月一三日、『全集』第一〇巻）という希望を述べている。森と出会って二か月後に、新島は森の招待を受けてアーモストで二日間を過ごしている。新島は「彼が私を招いたことの主な理由は、彼が日本にアメリカ式の学校を創設することを企図していて、私にその責任を任せたいと考えたから」（「フリント夫人宛書簡」一八七一年六月七日、前掲書）であると記している。しかし、新島は即答を避けている。新島はワシントン駐在の公使である森との友好的な関係の維持を日本に帰国するときの不可欠の要件と考えていた。

岩倉大使一行が到着し、欧米の教育調査を担当する文部理事官田中不二麿と対面したとき、多くの留学生は日本国家の高官である田中に対して正座で迎えたが、新島だけは立礼で迎えた。新島は森に「私はボストンの友人達の支持により教育を受けてきたものであり、日本政府からはまだ一セントたりとも支給された事がない。従って理事官は私を日本政府の臣下として扱う権利はない」（「ハーディー夫人宛書簡」一八七二年三月八日、前掲書）と自分の立場を説明し、日本国の命令や義務としてではなく、報酬を定めた上で「契約」を交わして協力することを申し入れている。異国の地で、岩倉使節団に象徴された「日本国」に対して、新島は「自由な日本市民」としての立場を固守した。日本にいる友人や父親に宛てた手紙において「国家の為に寸力を竭す」という新島の意識と現実の日本国家に対してとった態度には大きなずれがある。田中不二麻呂に対してとった新島の態度には、一人の自由人として、自己の責任と意思において国家とかかわる近代人としての新島像が浮かび上がってくる。日本政府に対するこうした一連の自己主張を、新島は「私は自分の権利を守り、その権利は私に許された」（「ハーディー夫人宛書簡」一八七二年三月八日、前掲書）というように、日本国家に対して自己の権利を堂々と主張している。新島は田中との交流をハーディー夫人に書き送っているが、そこで新島は、文明の

「知性」は「道徳上の主義」を伴って初めて人間にとってより良き意味を持つと説き、キリスト教による「道徳」を勧めたが、田中は新島に同調しつつも「政府はいかなるかたちの宗教にも干渉する権利はない」(「ハーディー婦人宛書簡」一八七二年三月一九日、前掲書)と、賛同はしなかったと報告している。

田中に随行して、ヨーロッパ各国の教育事情を視察する中で、新島は改めて近代国家における教育の役割を再認識するとともに、「田中氏とともに帰国し、彼を助けて日本に新しい学校制度を打ち立てるならば、多分同胞のために何らかのよい奉仕ができることでしょう」(「ハーディー夫妻宛書簡」一八七二年一〇月二〇日、前掲書)というように、明確に帰国の目的と意思を抱くようになった。しかし、この手紙を書いた二か月後に、新島は田中に同行して帰国することを断念している。その理由については次のように述べている。

第一に田中氏はただ何らかの仕方で私を使うというだけで、正確にどのような地位を私のために確保できるのかをしらないのです。彼の招聘(しょうへい)は個人的な考えにすぎないのであって、何らの権威もないのです。日本政府はまだ不安定のままです。ですから、もし田中氏の地位に移動が生じた時、誰が私に責任をもってくれるでしょうか。それ故に私は彼の招聘を受けるつもりはありません。

(「ハーディー夫人宛書簡」一八七二年一二月一六日、前掲書)

この史料から、岩倉使節団や田中文部理事官に象徴される日本国家に対応する新島の基本的な姿勢を再確認することができる。新島にとって、「私」の存在は日本国家の「公」に先立ってあり、「私」を否定する「公」への奉仕というものは視野に入れられていない。新島自身の身分保全にかかわる条件が、田中に同行して帰国することを拒む理由であったとするならば、これを新島の狡猾な計算高い性格と理解するよりも、新島には市民的権利を主張する近代的な「個」の観念が確立していたと考える方が自然である。

3　青年の夢と建学の精神

一八七四(明治七)年、一〇年のアメリカ滞在を終えて帰国した新島は、翌一八七五(明治八)年一一月に京都府に「私塾開業願い」を提出して同志社英学校を創設した。新島が一〇年間のアメリカ生活で学んだことは、自由・自治の精神を体得し、良心に従って主体的に考え行動できる自立した国民を育成することであった。新島が同志社英学校を開業して間もなく、自由民権運動とあいまって民衆の教育要求に応じた私立学校の創設が全国に展開された。一八七八(明治一一)年の文部省調査(文部省『学制百年史』)よれば、中等教育機関は全国に五七九校あり、その内官立学校は六五校で残りの五一四校は私立学校で全体の八八パーセントを占めている。こうした傾向に対して、地方官から私学教育への干渉を可能

良心碑
(出典)『同志社――その100年のあゆみ――』1975年，学校法人 同志社

にする「私学条例」の制定を求める意見が出されてくる(『文部省日誌』第七号)。明治政府は一八七九(明治一二)年に徴兵令を改正して、徴兵免役条件を官立学校に限定するいわゆる官立優遇策をとった。新島はこれに対して異議を申し立て、「官(立学)校に於いて卒業せし者が降りて民間にあり、人民の位置を進めんと計る者幾人ぞある」(「記行」『全集』第五巻)と述べ、国家に奉仕する官立学校に対して、民衆に奉仕する私立学校の独自性を主張した。

一八八一(明治一四)年には中学校教則大綱がだされ、中等教育機関の再編が行われた。これによって、五一四校あった私立中学が六校に激減し、六一校の私立専門学校は二九校になってしまった。このように、私学に対する官立学校の優位が政策的に具体化され、官立学校を中心とした日本の学校制度が再編される中で、新島の大学設立構想が展開された。

新島は日本の文明開化期における教育問題として「欧米の学術を講究すれば、知識は開達すべしと思い、従来古の聖人の道徳を廃して西洋文明の中心なる道徳を捨てて、其の皮相なる学術のみを取りて、之を学べば現今日本教育の結果を得るに至るべし」(「人種改良論」『全集』第一巻)と指摘している。すなわち、欧米の文明の中心には道徳があり、それに基づいて学術・文化があるが、日本の近代教育は古い道徳を捨てて文明の結果だけを受け入れようとしているところに教育問題の本質があるというのである。新しい西洋の知識とそれに即応したキリスト教主義による徳育を教育の基本に据えた同志社教育の役割とその必要性を主張した。

新島が思い描いた同志社教育は、中央で華々しく立身出世をして栄華を極める人間ではなく、地方の民衆の中にあって、民衆と共に歩み一旦事ある時は民衆のリーダーとして奉仕できる人物を養成することであった。新島の言葉によれば、「自ら先生となるに非ずして、却って身を社会の犠牲となし、社会の進歩を計る人」（「地方教育論」『全集』第一巻）を養成することこそ、日本の急務であり、私学同志社に課せられた使命にほかならなかった。

新島は、自由教育を主張しながらも、自由が明確な道徳を伴わない時には、「人民は政府に向かい我儘を申し立て、子どもは親に向かい我儘を申し立て、妻は夫に向かい我儘を申し立て、貴重の民権を下し、下等の我儘と混ずるの憂いあれば、国の幸福期し難き、我儘起こり、国家の滅亡の基礎となるも計りがたし」（「愛人論」『全集』第一巻）という状況が出現すると述べている。さらに、当時の自由民権派の政治主義に対しても、「民権の貴重なるを忘れ、唯人と抗敵するを民権とし、之を以って人を罵詈誹謗して世人の心を争いへと駆り立てている」（同前）と厳しく批判している。新島は自由を「一身に関する事事物物に束圧を受けぬ事」つまり財産や思想などの自由と、「心の真理に叶ひ、真理を自得して自由なる事」の二種類をあげ、特に後者については次のように説明している。

> 神を知り敬し恐れ且親愛するは人の最大切なる者にして、之無くんば人迷いに陥り、又は物の奴隷となり、決して自由の人なる能はず、耶蘇曰く我が自由になす者は真の自由なり、真なる哉、此自由とは神を信じ天明に随ふ者を云也。及天命に随て而后自由の民となる也。
>
> （「文明の基」明治一三年二月、『全集』第一巻）

これによれば自由な人間とは「神を信じ天命に随う」人間にほかならなかった。

キリスト教の信仰を通して、人間は深い意味で自由となるというのである。新島は続けて自由になった人間を次のように説明している。

広く人を愛し、人の為に何事もなし、力を持って人を制せず、威を以って人を脅さず、強くして弱きを助け、知ありてほこらず、貴くして益々へりくだり、富みておごらず、賤しき卑屈に流れず、貧しても貪らず、甘んじて人の罵詈をも受け、克く人の無礼も許し、人の幸福を計りて日も足らず神の義を慕いて死に至るまで止まず。（「文明の基」前掲書）

新島の私学思想は「基督教主義を以って徳育の基本と為せり。吾人が世の教育家と其の趣を異にしたるも茲に在り」（「同志社大学設立の旨意」『全集』第一巻）と述べているように、官立学校や他の私学には見られない教育理念に基づくものであった。個性豊かで良心に満ちあふれた自治・自立の国民の養成は、政府や国家の制約を受けた官立学校ではなく、まさに私学同志社においてのみ可能であると新島は主張した。

一八八三（明治一六）年に改正徴兵令が交付され、官・公立学校の学生のみに徴兵猶予の特権が与えられた。同志社の学生の三分の一が帰省するという状況に陥ったとき、新島は「我が同志社は仮令生徒悉く去るも、依然として相国寺門前に立て置くべし」と宣言している。一八八六（明治一九）年に公布された学校令では帝国大学を頂点とした学校制度が確立する。教育の国家管理が進行する中で、新島は官立学校の愛国主義を批判しながら、独自の愛国主義を主張する。新島によれば「己れの一国を愛し、何事も一国の為に止まりて、兎角愛国より偏ぱの心生じ、我日本を愛して外国人を敵視するの憂なき能わず」（「愛人論」年月不詳、『全集』第一巻）というように、「愛国主義」の欠陥を指摘している。キリスト教主義による「愛人」の観念こそがこうした欠陥を克服すると新島は主張した。人を愛するという心は「自然天の人間に賦与せし所」のものであり、「一人一人を愛するの説は大に愛国よりは狭きに似（にた）れとも、人を愛するは、一国に限らず世界の人をも人と見なして之を愛せば、決して区域の狭き者にあらず」（同前）というように国家を超えた普遍的なものであると考えた。新島はこうした「愛人主義」に基づく「愛国主義の教育」を興すことが教育の重要な課題であると論じた。これこそが新島が描いた同志社の国際主義の原点にほかならない。

新島作の漢詩
「真理は寒梅の似（ごと）し　敢えて風雪を侵（おか）して開く」
（出典）同志社社史資料センター蔵

新島は志半ばにして一八九〇（明治二三）年一月二三日、四七歳で死去した。遺書には「生徒を鄭重（ていちょう）に取扱ふ可き事」や「倜儻不羈（てきとうふき）なる書生を圧束せず」というように、個性的な学生を思いやる内容が記されていた。自らの憂鬱な青春を振り返り、新島は青年に真正の自由を与え、青年の夢や理想を実現させる学び舎としての同志社を創設したのである。新島が「素（もと）より資金の高より云ひ、制度の完備したる所より云へば私立は官立に比較し得可き者に非ざる可し、然（しか）れども其生徒の独自一己の気象を発揮し、自治自立の人民を養成するに至っては、是私立大学特性の長所たるを信ぜずんば非ず」（「同志社大学設立の旨意」明治二一年一一月、『全集』第一巻）と私学の存在理由を説くとき、官立大学とは異なる私学同志社の独自の方向が具体的に明示されるのである。すなわち、政府が主導する国家の教育目標に向かって官立大学を補完するのではなく、自からの内に新たな国家の形成と文明を創造し得る可能性を秘めた「人物教育」が芽生えつつあった。

「私学」の思想が希薄になり、私学の存立が危うくなった時代は国民にとって如何なる時代であったのかは歴史に刻まれているとおりである。そのような時代に、敢えて私立大学の設立を主張した新島の「私学」思想は記憶にとどめておかなければならない。

参考文献

『新島襄全集』全一〇巻、同朋社、一九九七年
井上勝也『新島襄　人と思想』晃洋書房、一九九〇年
和田洋一『新島襄』一九七四九年
伊藤彌彦『のびやかに語る新島襄と明治の書生』晃洋書房、一九九九年
太田雄三『新島襄』ミネルヴァ書房、二〇〇五年
本井康博『新島襄と徳富蘇峰』晃洋書房、二〇〇二年
沖田行司『新訂版日本近代教育の思想史研究』学術出版会、二〇〇七年

第2章　山本覚馬――京都の近代化と同志社創設の立役者

鈴木　敦史

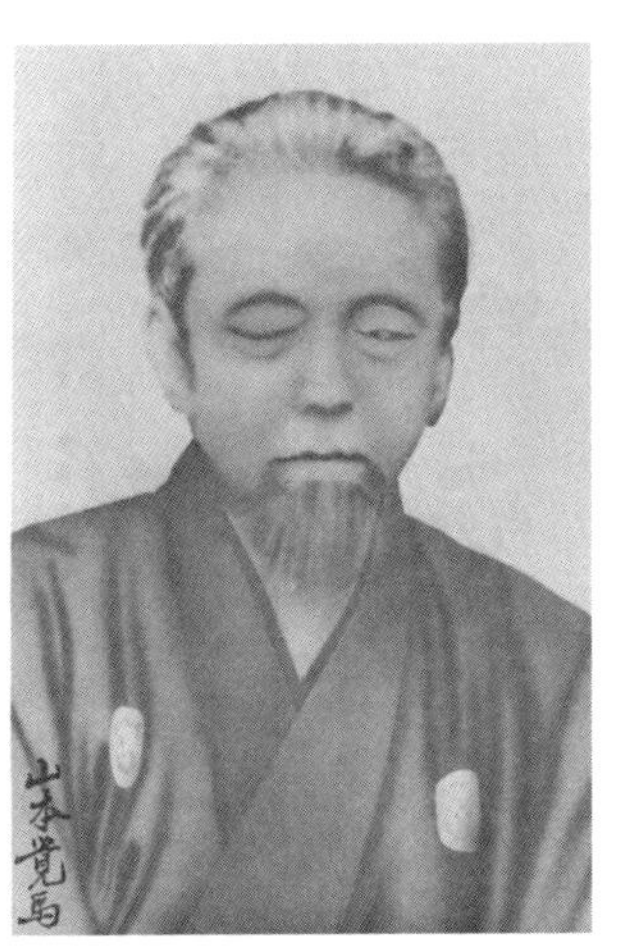

山本覚馬肖像

（出典）『改訂増補　山本覚馬伝』社会福祉法人京都ライトハウス，1976年，3頁

山本覚馬（やまもと・かくま　一八二八―一八九二）は、一八二八（文政一一）年一月一一日、会津藩士であった山本権八のもとに生まれ、藩校日新館で学んだ。その後江戸に上り、西洋砲術への関心を深めつつ、佐久間象山とも交わる。帰藩後は日新館で教え、藩が設置した蘭学所教授も務め、後に、藩の軍事取調兼大砲頭取に任じられた。一八六四（元治元）年二月には、藩主松平容保（かたもり）が幕府により京都守護職に任じられたのをうけ、覚馬も上洛する。京都では学問交友の機会を得たが、鳥羽伏見の戦いでは捕らえられ、薩摩藩屋敷に繋がれた。しかしそこで覚馬は、幽囚の身ながらも時の薩摩藩主島津茂久に、今後の日本の近代国家像を建言した。「管見」と名付け

られたこの意見書では、近代国家形成における勧業策と人材育成の重要性が述べられていた。

放免後の覚馬は、その後京都府顧問として、時の府知事槇村正直を支え、「管見」に示された勧業策と人材育成を京都で進めていく。

同志社創設時の新島の協力者、そして新島襄の妻八重の兄として知られる山本覚馬であるが、覚馬の同志社への関わりは、「管見」に示された人材育成論を、キリスト教主義にもとづく人間形成を基軸に展開していこうとする試みに他ならなかった。

本章では、当時において先見的な近代国家像を唱え、京都でそれを実行しようとした山本覚馬の思いとその軌跡を、新島との出会いに帰結する過程に注目することで、辿ってみたい。

1 誕生から京都上洛まで

会津藩での学びと海防論への傾倒——「守四門両戸之策」への道

山本覚馬は、一八二八（文政一一）年一月一一日、会津藩士であった父山本権八と母さくとの間に生まれた。五歳の頃には唐詩選の五言絶句を暗誦していた覚馬は、九歳で藩校日新館に入ると武芸に精を出し、とりわけ激剣や槍術を得意とした。会津ではまた、砲術に長けた林安定（はやしやすさだ）のもとでも学んだ。一八五三（嘉永六）年六月、東インド艦隊司令長官ペリーが浦賀に来航するが、同年に安定が江戸出府を命じられると覚馬もそれに同行し、西洋砲術への学識を深め、また、武田斐三郎（たけだあやさぶろう）、勝海舟、佐久間象山らとも交わった。また彼は、江川坦庵（えがわたんあん）、佐久間象山、勝海舟らと交友するようになり、そこで蘭学も学んだ。こうした経験を通じて、覚馬の西洋砲術への関心は次第に高まっていった。

一八五六（安政三）年、会津へ戻った覚馬は、時の藩主松平容保の命により日新館で教えるようになり、また藩に設置された蘭学所の教授となった。しかし、当時の会津藩は洋学忌避の傾向がいまだ根強く、火縄銃を廃し洋銃を採用すべしとした覚馬の主張にも反発が強かった。さらに、そうした藩の守旧的態度を批判したことで一年間の謹慎を命ぜられたが、それでもなお、兵術の革新の要を説く彼の思いは次第に周囲に理解され、結果的に覚馬は、藩の軍事取調兼大砲頭取に任じられることになった。日新館に設けられた射的場では、江戸でつくられたベーゲル・ミュンヘルなどの洋銃が用いられ、そこでは覚馬自身が指導にあたった。そして、このような覚馬の兵学への関心は、後に、より現実課題に対応する形での海防論として精鋭化されてゆくことになるのである。

覚馬は、一八六三（文久三）年一一月に「守四門両戸之策」（青山霞村『山本覚馬伝』一九七六年、京都ライトハウス所収）を著すが、これは、外圧が増す当時の状況を踏まえ、海防の急を訴えるものだった。同年三月、四月には、孝明天皇が加茂社・石清水社への攘夷祈願を行うなど、外敵への警戒と攘夷の機運が高まりを見せ、五月には長州藩が下関でアメリカやフランス、オランダの商船を砲撃し、翌六月にその報復を受けた。また七月には薩英戦争が起こるなど、当時は、外敵への対処がより現実味を帯びた時期であった。したがって覚馬が著した海防論も、その内容は、「四門」（関門、紀淡、鳴門、豊予の各海峡）と「両戸」（伊勢湾、東京湾）への砲台設置を訴える戦術論を主として構成されていた。しかし、こうした彼の海防論は、西洋文明と向き合うことで自己変革を遂げてゆくべきとする、彼なりの近代国家観にもとづいていた。

その冒頭で彼は、「凡戦ハ予算定策運用三者一ヲ欠クモ勝算ナキ也」として、「強弱形勢ヲ始メ地理人情マデ探求比較シテ知彼知己ノ術ヲ尽ス」ところの「予算」と、それにもとづく「定策」、さらにそうした策を状況に応じて「運用」することの重要性を説く。そして「予算トハ彼弱ニテ我強ナルヲ知ラバ彼ヲ侮リ彼強ニシテ我弱ナルヲ知ラバ彼ヲ怯レヨト云フ意ニ非ズ、敵強ナレバ制強為弱我弱ナレバ変弱為強ノ策アルベキナリ」というように、敵への理解と分析を通じて自己の変革を遂げていく姿勢を、海防の基本に据えているのである。したがって、「漫ニ攘夷論ヲ唱フル者一途ニ西洋ヲ軽侮シ西洋ノ形勢兵法ヲ研究スル者ヲ圧倒」する態度や、「洋学者流一途ニ西洋ヲ誇張シ鎖国攘夷論ヲ講究スル者ヲ愚弄」する態度を、覚馬はともに退けるのである。こうした彼の西欧文明へのスタンスは、海防論に留まらず、後にみていく京都での近代化政策でも、貫かれているのである。

戊辰戦争と薩摩藩邸での幽囚生活

藩主松平容保が幕府により京都守護職に任じられたのをうけ、一八六四（元治元）年二月、覚馬もそれに従い、尊皇攘夷の混乱のさなかにあった京都へと入ることになった。この時、覚馬三七歳である。

京都での覚馬の任務は、会津藩士として御所の警衛であった。しかし同時に彼は、そこで学問交友も進めていった。京都に入った覚馬は、さっそく在京の藩士を対象とした洋楽所を西洞院上長者町上ル西側の一向宗寺院に開いた。そこでは主に英学や蘭学が講じられ、広く藩外の人々にも開放されたため、藩内外の多くの人々がそこで学んだ。また京都では、覚馬自身も広く学びの機会を得た。当時蟄居を許され京都にいた佐久間象山や勝海舟らとも交わり、時勢について大いに論じたという。また一八六六（慶応二）年頃には勝海舟を通じて西周（にしあまね）とも交わるようになり、教育について語り合った。当時、西は、ヨーロッパから帰国し、自ら翻訳した「万国公法」を将軍慶喜に講じていた。覚馬にとって西との出会いは意義深かったようで、その後、西が京都で開いていた塾で塾生たちの集団退塾騒動が起こると、覚馬はその対応にあたり、無事に騒動を収束させたこともあった。さらに、一八七四（明治七）年の西による『百一新論』の出版にも関与し、覚馬は自らその序文を著した。

しかし、京都の混乱はその後激化していき、覚馬も次第にそれに巻き込まれてゆく。一八六七（慶応三）年一二月の小御所会議決裂をうけ、旧幕府軍と桑名藩、会津藩が徳川慶喜を擁して挙兵し、薩長軍と交戦する鳥羽伏見の戦いが起こると、覚馬は京都で捕えられ、薩摩藩屋敷（現在の同志社大学今出川校地）へ幽囚されたのである。

しかし、薩摩藩屋敷での囚われの生活は、覚馬への薩摩藩の配慮もあり大きな苦痛を伴うものではなかった。この時すでに眼病を患っていた覚馬には、衣服や酒なども十分に与えられ、また監視の眼も厳しいものではなく、同獄の人々との交流も大きく制限されることはなかった。そうしたなかで覚馬は、国難のさなかにある当時の日本が、佐幕、討幕と互いに争い合う現状を批判し、いち早く一丸となり近代国家形成を遂げるべきとの思いを強くする。そして、その思いを時の薩摩藩主島津茂久へ進言すべく、口述内容を野澤雞一（のざわけいいち）に筆記させた。これが、後に見る「管見」である。

その後、覚馬は仙台藩邸内の病院に移され、そこで岩倉具視と面識を得る。そして翌一八六九（明治二）年に、朝議を経て放免されることとなった。

2 京都の近代化と覚馬の教育構想

東京奠都と槇村正直の京都府知事就任

蛤御門の変、鳥羽・伏見の戦いといった戦乱が落ち着きを見せ始めた頃、京都の人々にとっての次なる懸案となったのが、東京への遷都であった。京都から都を移す遷都論そのものは、従来から唱えられていた。一八六八（慶応四年）年一月の大久保利通による「大坂遷都論」では、「数百年来一塊したる因循の腐臭を一新し」、「主上と申し奉るものは玉簾（たますだれ）の内に在し人間に替らせ玉ふ様に纔（わず）かに限りたる公卿方の外拝し奉る事の出来様なる御さまにては民の父母たる天賦の御職掌には乖戻（かいれい）したる」というように、天皇が民の父母たるには、公家衆らに囲まれた従来の生活から脱し、「因循の腐臭」を改める必要があるとして、大阪への遷都が唱えられた（日本史籍協会編『大久保利通文書二』東京大学出版会、一九六七年）。さらにイギリスの外交官アーネスト・サトウは、「首都が京都から大坂（オーザカ）へ移るという噂があったが、私たちの気持ちとしてはそれを歓迎したかった。なぜなら、京都は奥地にあるので必需品を入手する便宜を欠き、それに冬は寒気がひどく、夏は暑さが激しいため、京都に外国公使館を設置しても、とても不便に思われたからである。海にきわめて近い大坂(オーザカ)でさえも、七、八月の気候は私たちにはほとんど耐えがたかった。」(アーネスト・サトウ『一外交官の見た明治維新　下』岩波書店、一九六〇年)として、当時大久保が唱えた大坂遷都論を歓迎していた(小林丈広『明治維新と京都――公家社会の解体――』臨川書店、一九九八年、参照)。新政府の担い手や外交官たちにとって、京都は首都として、政治的にも外交的にも、そして気候的にも不十分と考えられていたのである。

こうしたなか、一八六八(明治元)年七月、江戸は東京と改称され、同年九月、即位したばかりの明治天皇は、東幸のため京都を発った。その後、一旦京都へ戻った天皇は、翌一八六九(明治二)年三月、再び東幸し、事実上の遷都である東京への奠都が完了した。不安が現実となった京都では、人々への動揺が広がったが、そこで京都府に出仕したのが、後に京都府知事となる槇村正直である。長州藩で密用聞次役も務めた槇村は、一八六九(明治二)年七月に京都府権大参事となると、同じ長州藩出身の木戸孝允の後ろ盾を得ながら、動揺する民情の把握とともに、その後、博覧会の実施や勧業場の設置、小学校の創設といった開明策を着々と進めていった。

覚馬の京都府出仕と勧業策

槇村の京都府着任と同じ一八六九(明治二)年、山本覚馬は顧問として京都府に迎えられ、翌一八七〇(明治三)年四月に正式に登用された。以降、覚馬は、槇村の府政運営を支えることになるが、

舎密局（河原町二条下ル）

（出典）京都府立総合資料館編『京都府百年の年表 2 商工編』京都府，1970年，扉

そこでとりわけ重視されたのが、勧業策と人材育成である。ここではまず、その勧業策の一端を見ることとする。

覚馬の京都府登用と同じ一八七〇（明治三）年、大阪に続いて京都に舎密局仮局が設置された。舎密局は、府の勧業課に属する外来産業の導入を企図した理化学研究機関であり、主に舶来の薬物や飲食物の検査を実施し、石鹸や漂白糊、陶磁器、ビールの開発・製造などを行った。京都舎密局の創設には京都出身の明石博高が主導的な役割を果たした。大阪舎密局に勤めていた明石を京都に招いたのは槇村だったが、明石と覚馬とは旧知の間柄だった。明石は、祖父がシーボルトとも関わりのある蘭医だったことから、幼少期から西洋の文物に接していた。一時は会津藩で覚馬が運営していた蘭学所に学び、当時から覚馬とは面識があり、英語教師の紹介も受けた。槇村が京都に明石を招く際、覚馬からの何らかの推挙・進言があったと推察される。

また、京都の勧業策として見落とすことができないのが、博覧会である。京都ではじめて博覧会が行われたのは、一八七一（明治四）年一〇月に西本願寺で開催されたものであったが、その実態は、「名実副はず」、「古物展或は骨董会の感」がある有様だった（大槻喬編『京都博覧協会史略』京都博覧協会、一九三七年。以下、同資料参照）。しかし、興行的には成功したこの博覧会をうけて、その後すぐさま京都博覧会社が設立された。会主には、熊谷直孝、三井八郎右衛門、小野善助といった京都の有力商人が名を連ね、そこに府からも御用掛として一五名が派遣され全面協力するなど、官民一体となっての博覧会運営がなされた。一八七二（明治五）年正月に、京都博覧会社が示した「博覧会要告」には、「博覧の会たるや人の知識を開くに在り国の富強を輔（たす）くるに在り、故に広く天産の奇物を集め遍く人造の妙器を列す。是に由て以て能く発明悔悟する事あらば半日の遊目も又十年の読書に勝り一事の産業も終身の幸福を保つに足らん」とあるように、博覧会の目的として、人々への啓蒙だけでなく、産業振興といった勧業の意図が加えられていた。博覧会は一八七三（明治六）年からは、大宮・仙洞御所に場所を変えて開催された（一八七一〈明治一四〉年からは京都御苑、一八九七〈明治三〇〉年からは岡崎会館に変更）。また一八七二（明治五）年開催大会からは、それまで開港場から一〇里以上の渡航を禁じられていた外国人の入京許可を正院に願い出て、許可された。これにより、多くの外国人宣教師たちも来京し、覚馬も、O・H・ギューリックやJ・C・ベリーらと交友を深めた。そして覚馬は、一八七三（明治六）年に大宮・仙洞御所で行われた博覧会では、会の国際化を意識し、『英文案内記』を発行するのである。

京都での美術工芸展覧会の様子

（出典）イラストレイテッド・ロンドン・ニュース編・金井圓編訳『描かれた幕末明治　イラストレイテッド・ロンドン・ニュース日本通信1853-1902』雄松堂書店，1973年，186・187頁

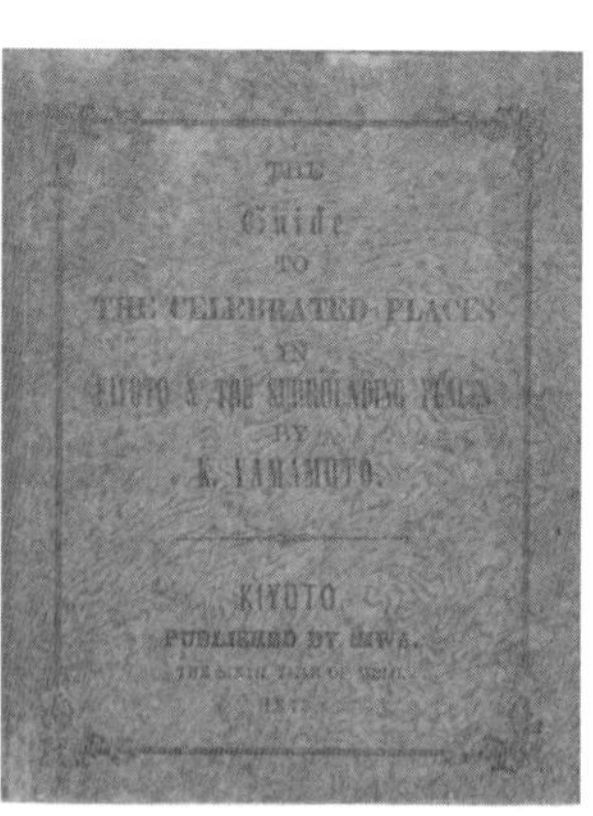

山本覚馬が丹羽圭介とともに作成した京都博覧会の英文案内記

(出典)『改訂増補 山本覚馬伝』社会福祉法人京都ライトハウス, 1976年, 100頁

これは京都の名所案内の英語版であり、今流の英文ガイドブックのようなものである。同年の会では、これまで公開されていなかった御所内の立ち入りも許され、九〇日間の会期でおよそ四〇万人の来場者を迎えるなど、盛況のうちに幕を閉じた。

京都における洋学教授の展開と山本覚馬

一八七一(明治四)年二月には、河原町二条下ルに勧業場が設けられた。そしてその翌月には勧業場内に洋学所としてドイツ学校が設置され、「欧学舎」と命名した。さらに欧学舎には、その支舎として英学校やフランス学校などが開設された。欧学舎開設にともない、洋学全般の教授を担当するため、ルードルフ・レーマンが、兄カール・レーマンとともに京都府に雇い入れられた。兄カールは元幕府の長崎製鉄所の造船司であり、弟ルドルフは建築・機械技師だったが、兄弟と覚馬とはそれ以前から面識があった。一八六七(慶応三)年二月、神戸港にて会津藩とレーマンとの共同出資で造船所建設が計画された際、覚馬は中沢帯刀(たてわき)とともに、会津藩在京家老田中土佐(たなかとさ)と兄カールとの会談に同席していた。一八六八(慶応四)年に口述した「管見」も、このようなレーマン兄弟との交流で得た知見の影響が大きい。こうした経緯から、兄弟の雇い入れにあたっても覚馬の強い働きかけがあった。レーマン兄弟は、学校でのドイツ語教授にとどまらず、ドイツ式印刷機械の導入やドイツ製汽船の購入計画、また高瀬川七条に設けられた洋法製革場での製革の実践と指導など、府の勧業施策にも深く関わった。欧学校の教師たちも、市中の小学校へも積極的に出向き、小学生にも欧学を教え、また欧学校も華士族だけでなく市中の八歳以上の子弟にも入学が許された（京都市『京都の歴史七　維新の激動』学芸書院、一九七四年）。

また槇村の意向を反映して、一八七二（明治五）年四月に土手町丸太町下ル九条邸跡に創設された女工場には、新英学校が付設された。ここでは、主に華士族の子女に英語や手芸の実用術などが教えられ、後には一般庶民の子女にも開放されたが、その舎監兼教導試補には、覚馬の妹であり後に新島襄の妻となる八重が就いた。

明治初期、京都において展開した洋学教授の一端は、地域の産業振興を目的として設置された勧業場や女工場に付設される形で創設された洋学校により担われた。そして、こうした学校が、広く京都の一般の人々にも開かれるなかで、洋学が所謂官製の学問とは異なった形で、人々の生活のなかに溶け込んでいったといえるだろう。そこで、山本覚馬の果たした役割は少なくはなかった。

奠都を経て文字通り「古都」となった京都の近代化において、槇村正直が府政を主導し開明策を実行していく上で、覚馬の知見と人脈がそれを下支えした。一八七三（明治六）年四月には、京都博覧会社の会主にも名を連ねた小野善助率いる小野組が、商売上の便宜から東京と神戸への転籍を願い出たが、豪商小野組の転籍を京都の発展に弊ありと見た槇村はこれを拒否した。それを不服とした小野組は提訴に踏みきったが、それに強硬な態度で応じた槇村は東京で拘禁されてしまう。その際、覚馬は妹八重とともに上京し、八重に背負われながら、岩倉具視や木戸孝允、江藤新平をまわり、釈放に力を尽した。時に強引な政治手法をとる槇村と彼の近代化策を、まさに全身全霊で支えたのが覚馬だったのである。

3 覚馬の教育構想と同志社の創設

覚馬の教育構想――「管見」を中心に

京都の近代化を陰で支えた覚馬であったが、彼には明確な近代国家像があった。それが記されているのが、一八六八(慶応四)年五月に出された「管見」(前掲『山本覚馬伝』所収)である。これは前述の通り、覚馬が鳥羽伏見の戦いで捕らえられ、薩摩藩邸に幽囚されているなかで、時の薩摩藩主島津茂久へ進言すべく口述したものの筆記である。

「管見」は、「小引」とそれに続く二二の項目により構成されているが、「小引」では、ロシアの脅威とともに、幕府と薩摩藩に加担していた当時のフランス・イギリスに関しても、優先すべきは「其国ノ利不利」であって、そうした国々と伍していくには「確乎不易ノ国是ヲ立テ富強ヲ致ス」ことが急務であるとしている。そして、「政体」「議事院」「学校」などの項目ごとに覚馬の構想が描かれている。ここでは主に、近代国家形成と人材育成に関係する箇所に着目して、覚馬の教育構想の一端を見てみようと思う。

「学校」の項において覚馬は、「我国ヲシテ外国ト並立文明ノ政事ニ至ラシムルハ方今ノ急務」として、そのための「人材ヲ教育」すべきことを求める。そして京都や摂津をはじめ津港に学校を設け「博覧強記」の人を用いて「国家有用ノ書」を学ぶべしとして、①建国術や政治・経済・万国公法、②修身・性徳学、③訴訟聴断、④格物窮理、その他兵学を挙げ、実学を重視すべきことを唱える。そしてこうした学問の対象は「婦人」にも広く開かれるべきであるとする。すなわち「女学」では、「婦人」に学問の機会が与えられなかった旧習を批判し、「其性ニカナフ学術国体ニ関ハル者ヲ撰ビ教ユベシ、且才女ハ猶ホ学バスベシ」とする。ここで覚馬が学問にこだわるのは、「国家ヲ治ムルハ人材ニヨルモノ」というように、近代国家形成における人材育成を重視するが故であった。

　こうした覚馬の人材育成への思いは、他の諸項目でも共通して見られる。「国体」において覚馬は、従来よりの「上下隔絶ノ弊」を改め、「貴賤」に関わらず学問に従事させ、「賢愚」により官吏を抜擢し、必要に応じて留学もさせよという。また「平均法」では、「嫡子ハ愚ナルモ家督ヲ継ギ、二三男ハ賢ナルモ産業モナク徒然ニ世ヲ過ス」ことを問題視し、家督の均等分配によって、貧富の差を解消し「日本ノ富ヲ致スニ至ル」ことを訴える。さらには「衣食」においても、それを「人身ニ取リテ尤大切ノモノ」としたうえで、「毛衣肉食」を推奨し、「筋骨ヲ健ニシ、気力ヲ養ヒ人材ヲ育スルハ方今ノ急務ナルベシ」とするのである。

　これらのことからわかるのは、覚馬の人材育成論が、門閥の否定を基調としている点である。それは、仏教界の現状への批判のなかでも鋭く展開される。「変仏法」において覚馬は、僧のうち「法ヲ弁へ戒ヲ守ルモノ千人ノ内一人、悪行セザル者百人ニ壱人僅アルノミ」とし、道徳面から見た現在の僧の実態を強く憂慮する。そして、こうした現状を踏まえ、「官許ヲ受ケテ後僧トナスベシ」というように、僧籍に公的な資格制を導入することを唱えるのである。そして「依テ従来ノ僧ハ悪弊ヲ除キマヅ語学算術手跡等ヲ始トシテ惣テ実学ヲナサシメ、寺ヲ小学校ニ当テ市町村里ノ商人ニハ英仏ノ語、算術、農人ニハ農業等又ハ人ニ益アル事ヲ教ヘシムベシ」とあるように、僧には実学に従事させ、寺も実学教授の教育機関としての役割を果たさせるべきであるとの見解を示すのである。また、僧としての職責に堪えがたき者は、職人として業に就かせればそれも実益に結び付くとし、そうした僧が帰俗した際には、空いた寺を学校とし、農商の学術を授ければ、それも国家発展の一助となると主張するのであった。

覚馬が「管見」において展開した人材育成論は、門閥を否定し、教育の機会を貴賤や性別に関わらず広く開放したうえで、学校教育を通して「賢愚」を見極め、「人材ヲ抽撰シ国是ヲ定ム」（「変制」）ことを目指すものであった。

覚馬の「救民」事業

覚馬はまた、医療や衛生環境の整備も、近代化の重要要件だと考えていた。先に見た「管見」には、「救民」という項があるが、そこで覚馬は、疳瘡への対策の重要性を説く。「遊女」より伝染する疳瘡の予防を急務とし、危機感を募らせている。その予防について、覚馬は、医師による、「遊女」およびその相手となる男性への定期的な検診を想定しているが、「遊女」そのものの廃止は唱えない。すなわち、「遊女」の制度を廃止した結果、人々が隠れて関わりを得て、逆に疳瘡の患者が増えた他国の例を挙げ、「夫政治ハ親ノ子ヲ戒ムルト異ル（遊女場ニ行ク事ナカレトイフ也）コトナレバ少シク理ニ戻レル如クナレドモ小利ヲ見ズシテ大害ヲ除クニアリ。サスレバ億兆ノ人民ヲ救ヒ人材ヲ育スル一助トナルベシ」というように、極めて現実的な視点から、制度的に認めたうえでの病気拡大を予防するための管理の徹底を唱えるのである。そして、こうした対応をも、人材育成の一助として考えるのである。

こうした構想は、実際に明治初期の京都府において政策として実行されていった。一八七二（明治五年）一一月には、府立療病院が粟田口青蓮院に開設され、そこには医学校も併設された。さらに一八七五（明治八）年七月には療病院付属として南禅寺に癲狂院を設け、一八七六（明治九）年九月には、建仁寺に駆黴院が設立された。こうした療病院にかかる費用は、当初、娼妓らの賦金によって補われた。

覚馬にとって、教育も医療も衛生も、ともに近代国家形成とその基軸となる人材育成において不可欠だった。

そして、こうした近代国家像とそれにもとづく人材育成論を抱いていた覚馬が、一八七五（明治八）年、新島と出会い、同志社の創設に至るのである。

新島との出会いと同志社の創設

一八七四(明治七)年一一月に、欧米での九年間の生活を終えて帰国した新島襄は、自らが受けたキリスト教主義にもとづく学校教育を母国で実施すべく、キリスト教学校の創設を計画していた。一八七五(明治八)年一月、新島は、時の大阪府知事渡辺昇に学校設立を相談するも、渡辺は、当地へのミッションスクール建設に難色を示した。そして同年四月、木戸孝允の紹介により、当時京都府大参事であった槇村正直と京都府顧問の山本覚馬との面識を得るのである。

木戸と新島とは、一八七二(明治五)年に木戸が岩倉遣欧使節団の全権副使として渡米した際の教育調査で出会って以来、旧知の仲であった。木戸は一八六八(明治元)年一二月には「普通教育の振興を急務とすべき建言」を作成し、主知主義にもとづく国民教育の必要を訴え、また洋行から戻った一八七四(明治七)年には文部卿を務めるなど、普通教育への関心と知見に富んでいた。そして覚馬もまた、京都府顧問として木戸との関わりは少なくなかった。先述の小野組転籍事件が起こった一八七三(明治六)年には、覚馬は八重とともに上京し、木戸や岩倉、江藤などに槇村の釈放を訴えたが、その際、覚馬は頻繁に木戸を訪問し、時に福沢諭吉をも交えながら時勢について語り合った。また、一八七五(明治八)年一月、新島が大阪府知事渡辺昇へ学校設立を訴えた結果不調に終わった際にも、翌二月に、木戸は覚馬のもとを訪れている。こうした両者の関わりのなかで具体的にどのような議論が交わされたのかは定かではない。しかし、その四か月後の一八七五(明治八)年六月に、覚馬が新島の訪問を受け、自らの所有地であった旧薩摩藩邸跡の学校用地としての譲渡を申し出たことを考慮すれば、そこで木戸から覚馬に対して、何らかの働きかけがなされたと推察できるだろう。

また京都府では、一八七四(明治七)年二月に、京都守護職の屋敷跡に京都慶応義塾が創設されたが、同年九月には唯一の塾生を東京の本塾へ転学させ、閉鎖された。これまでみてきたように、東京への遷都以降、勧業策を軸として近代化を図ってきた京都府は、その一環として、実学主義にもとづいた洋学教授の場を、広く一般に開放してきた。それは、実学を主とした学問の機会を広く人々に保障した人材育成こそを近代化の基礎とする、覚馬の考えにもとづくものだった。慶応義塾の閉鎖から間もなかった当時の京都府にとって、新島による学校創設の願い出は、慶応義塾に代わる洋学教授の場として、渡りに船であったと理解できよう。しかし、新島の学校創設案には、慶應義塾にない魅力も含まれていた。それが、キリスト教主義にもとづく人間形成である。

先の大阪府では拒否される最大の要因となったキリスト教主義に関しては、覚馬にとってはむしろ好意的に理解された。新島が覚馬との面会を経て、アメリカの恩人ハーディーに綴った手紙には、覚馬の言葉として以下のような記述があった。

嘗(かつ)て余の胸中に充ちたる群疑は一度此(この)書を読で全く氷解せり。余は常に邦家に尽す所あらんことを希望し、始めに武芸を以て、中比(この)法律を以て此志望を達せんとせしかども終(つい)に為す所なかりき。今や此書を読み、人心の改良は只此(ただこれ)宗教に依るべきを悟りぬ、余が久しく暗々裡に求めたりしものは即ち此宗教の説く所に外ならざりき云々。

(山東學人「山本覚馬翁の逸事」前掲『山本覚馬伝』所収)

武芸に始まり、後には法律学にも学んだが、最終的に、「人心の改良」をなすのは宗教に他ならないということを、覚馬は、ゴードンの『天道溯原(てんどうそげん)』との出会いで悟ったのである。覚馬とゴードンとの交遊は、一八七五(明治八)年の博覧会の際、上京したゴードンが『天道溯原』を覚馬と槇村に贈った時から続いている。『天道溯原』に大いなる感銘を受けた覚馬は、後には同書を大津監獄にも差し入れた。覚馬が新島の学校構想に賛同したのには、こうしたキリスト教主義による人格形成への期待感も含まれていたのである。

このような覚馬の宗教への認識は、先述した西周による『百一新論』に覚馬が寄せた序文からも窺うことができる。すなわち、「余古今を通観するに政教並行すれば則ち国文明において進み、否(しか)らずんば則ち俗は野蛮において陥る。故に能く此の理を知れば則ち政衍(あやま)る所無く、教乖(そむ)く所無し」というように、政治を正してゆく規範として、覚馬は、宗教の存在を、近代化を成した文明社会においてこそ不可欠なものとして理解していた。

新島による学校の創設は、京都において、実学主義にもとづく洋学教授の充実と、キリスト教主義にもとづく人間形成を目指すものだった。そしてそれは覚馬にとっても、知徳を両立した学校教育が実現し、それが結果的に京都の近代化にも資するという点において、極めて意義深いことだったのである。覚馬が京都の近代化を目指すうえで、その基調とした人間形成論の根幹には宗教が据えられており、新島のキリスト教学校創設の申し出は、まさに時宜を得たものであった。

以降、新島は覚馬の家に同居するようになる。そして一八七五(明治八)年八月、覚馬は新島とともにに「私学開業願」を京都府に提出し、翌九月に文部省により認可されると、同年一一月二九日、同志社英学校が開設された。「同志社」という校名は、新島と覚馬の両者によって名付けられた。また、その間の十月には、新島は、覚馬の妹八重と婚約した。

同志社英学校開設後、覚馬は新島とともに、J・Dデビスをはじめとする宣教師の雇い入れに奔走したが、一八七九(明治一二)年三月、京都府会が開設されると、覚馬は府会議員、そして府会の議長に選出された。しかし翌年には、府知事槇村が地方税の追徴を独断したことから府会は知事と対立し、結果として、覚馬は同年五月、議員及び議長の職を辞した。以降、覚馬は新島とともに同志社の運営に力を尽くすことになる。

一八八三(明治一六)年から同志社では、大学設立の機運が高まりを見せるが、覚馬はそこでも新島を支え、中心的な役割を果たした。一八八七(明治二〇)年六月に、新島の仙台東華学校への出張に伴い代理校長を務めた覚馬の演説では、以下のように述べられている。

諸子の今や業を終へて、各目的とする処に進まんとす、或(あるい)は尚(なお)学海に遊泳を試(こころみ)えうものもあらん或は宗教社会に入るものあらん、而して其従事すること等しからずと雖、子等是非とも勉むべきは貧民の友たること之れなり、吾れ思ふに日本は将来英国の如く、貧富の懸隔(けんかく)追日甚しきに至らん、此時に当り能く弱を助け強を挫き、貧を救ひ富を抑ゆるものは誰れぞ、諸子乞ふ吾が言を常に心に服膺(ふくよう)して忘るる勿(なか)れと。

(丹羽清次郎「故山本覚馬先生を追念す」前掲『山本覚馬伝』所収)

京都の近代化を、キリスト教主義教育を軸とした同志社の発展に重ねた覚馬の思いは、その後も同志社病院の開設や京都看病婦学校の開校などを実現させていった。そこには、近代国家形成を目指していくうえで不可欠な怜悧な発想とともに、急速な近代化のなかで、その波に取り残されていく人々への眼差しと、キリスト教主義にもとづく人格形成によって、そうした眼差しを今後の社会を支える人々のなかにも培っていこうとする覚馬の強い思いがあった。そうした思いをいだきながら新島を支えた覚馬であったが、一八九〇(明治二三年)一月二三日に新島襄がこの世を去ると同志社臨時総長に就任したものの、その約三年後の一八九二(明治二五)年一二月二八日、同志新島を追うようにして自身もこの世を去るのである。そして、こうした同志社の黎明を担った新島と覚馬の思いは、後進に託されることとなったのである。

参考文献

青山霞村原著、住谷悦治校閲『改訂増補　山本覚馬伝』社会福祉法人京都ライトハウス、一九七六年
京都市『京都の歴史七　維新の激動』学芸書院、一九七四年
小林丈広『明治維新と京都――公家社会の解体――』臨川書店、一九九八年
松本健一『山本覚馬　付西周『百一新論』』中央公論社、二〇一三年
竹内力雄「山本覚馬覚え書(五)――「管見」を中心に――」『同志社談叢』三四、二〇一四年
井上勝也「山本覚馬と新島襄」Ⅰ・Ⅱ・Ⅲ、『新島研究』一〇一・一〇三・一〇四、二〇一〇・二〇一二・二〇一三年

第3章

横井時雄――「日本風」のキリスト教の模索

辻　富介

横井時雄肖像

（出典）同志社大学社史資料センター蔵

横井時雄（よこい・ときお　一八五七―一九二七）

は、一八五七（安政四）年一〇月一七日、肥後国上益城郡沼山津村に横井小楠の長男として誕生した。一八六九（明治二）年に横井小楠が暗殺されたのち、一八八九（明治二二）年まで伊勢姓を名乗る。熊本洋学校に一回生として入学して、花岡山奉教趣意書に署名に参加した。その後東京の開成学校を経て同志社に移る。同志社卒業後は今治教会牧師となり、各自に伝道を行い、また同志社で教壇に立った。新島襄の死後、同志社社長に就任した小崎弘道のあとを受けて『基督教新聞』『六合雑誌』編集を担当した。数回の渡米ののち、小崎のあとを受けて同志社社長となり、同志社綱領問題で辞任した。その後は政界に進出し、逓信省官房長、衆議院議員（立憲政友会）となるが、大規模な収賄事件である日糖事件に連座して有罪判決を受け、議員を辞職した。この間、『時代思潮』を発刊し、『東京日日新聞』の主筆をつとめるなど言論界でも活躍を見せた。一九一九（大正八）年、西園寺公望に随員したベルサイユ会議から帰国後脳卒中で倒れ、一九二七（昭和二）年九月一三日、静養先の大分県別府で逝去した。初期のキリスト教伝道では先頭に立ちながらも、新神学の影響や教育勅語などで信仰が揺らいだとしばしば評される横井であるが、その著作や書簡から、特に同志社綱領問題で同志社を辞職するまでの彼の信仰の軌跡を明らかにしたい。

1　同志社から伝道の道へ

熊本洋学校から同志社へ

横井時雄は一八五七（安政四）年、一〇月一七日肥後国上益城郡沼山津村に父横井小楠（平四郎、時敬）、母つせ子の長男として生まれた。母のつせ子は矢島家の五女で、三女の順子はのちに熊本女学校を設立、四女の久子は徳富家に嫁して猪一郎（蘇峰）と健次郎（蘆花）の母となり、六女の楫子は東京婦人矯風会や日本キリスト教婦人矯風（きょうふう）会を創始したことで知られる。また時雄の妹のみや子はのちに海老名弾正に嫁した。

父小楠は幕末の動乱の渦中にあって、福井藩の松平春嶽のもとで藩政改革などを行い、明治維新後も参与として新政府に出仕したが、一八六九（明治二）年、京都で暗殺された。以後、時雄は一八八九

（明治二二）年まで伊勢姓を名乗る（本章では横井で統一する）。一八七一（明治四）年に熊本洋学校に第一回生として入学し、ジェーンズの薫陶を受け、一八七五（明治八）年に卒業、その翌年の一八七六（明治九）年一月には花岡山奉教趣意書に署名した。この時、横井は聖書の朗読を行い、中心的な役割を果たしている。横井がキリスト教に入信したことをめぐっては、母つせ子が自刃をすると騒ぎだすなど、横井家内では大変な騒ぎになった。この背景には、父小楠の斬奸状に「此者……今般夷賊ニ同心シ天主教を海内ニ蔓延せしめんとす」（『大久保利通日記』）とあり、父小楠がキリスト教を広めようとしていると誤解されたために殺害されたという理解があった。

キリスト教から遠ざける意図が母たちにあったのか、横井は同年四月に東京の開成学校に入学した。しかし、翌年には開成学校を中退し、同志社に移っている。東京の開成学校で横井が学んだのは一年余りの期間であったが、同窓生には後年「教育と宗教の衝突」で論争する井上哲次郎がいた。同志社社史資料センターに伝わる横井の学籍簿からは、聖書学や教会史などについて学んだことがわかる。横井は、自分が学んだ頃の同志社の様子について、後年次のように回顧している。

明治九年九州の一地方より一団の青年輩が笈を負うて身を同志社に投せし以来宗教上思想の自由は実に同志社が基本城として堅守せし処なり、該青年輩がまさに程に上らんとするや遥かに書を新島氏に飛ばして同志社の基督教は果して宗派的なるや否やを尋問せり、而して新島氏の返翰により其決して宗派的のものに非ざることを確知して始めて同志社に来れり、宣教師は実に是等の青年に対するに初めより宏襟大度の精神を以て少しも思想の自由を拘束するが如きの跡を示さ

ざりき。（「同志社の過去および将来」一八九八年）

熊本バンドと呼ばれる、奉教趣意書に署名した若者たちを中心とした一団が同志社に来た頃は、新島のもとに自由な気風があったことが述べられている。この同志社の自由な気風のもとで、横井はより確たる信仰を築いていったのであろう。しかしそれは、横井自身が回顧しているように、特定の神学理論によるものであったというよりは、新島や他の宣教師らの感化による影響が強かったと推察される。

横井は、一八七九（明治一二）年に同志社を卒業した後に今治へ伝道に赴き、今治教会牧師に就任した。その後今治にとどまり、ここを拠点として各地に伝道した。とくに松山へは翌年から伝道を行い、以後毎月松山に赴いている。さらにアメリカンボードが設置した日本基督伝道会社の幹部として松山教会・小松教会・熊本教会の設立に尽力した。この間の一八八一（明治一四）年、山本覚馬の娘みねと結婚し、みねとの間に一男一女をもうけた。

明治一〇年代後半は、日本の各地でリバイバルというキリスト教信仰の拡大が見られた時期である。後述するように、横井自身も伝道に大きな手ごたえを感じていた時期であり、彼の人生において最も充実した時期であったといえるかもしれない。

一八八六（明治一九）年からは、横井は同志社で授業を担当した。"Doshisha Faculty Records 1879-1895" によると、横井は英語や聖書学の講義を担当している。のち同志社を離れ、本郷伝道所の牧師となり、一八八九年には本郷教会設立の資金を募るため、はじめて渡米した。帰国後の一八九〇（明治二三)年からは、小崎弘道が同志社社長に就任したため、『基督教新聞』と『六合雑誌』の編集を担当した。

伝道者としての横井

同志社を卒業したのち、明治一〇年代の横井は、伝道や同志社での教育活動のほかに、『六合雑誌』など様々な雑誌に論文を発表するなど、言論活動も行っている。こうした論文からは、横井の伝道のあり方や、新神学(ユニテリアン)の影響のまだ及ばない信仰の様子を見てとれる。

『六合雑誌』に掲載された論文で最も早いものは、「日本伝道ノ障碍」(一八八三年四月三〇日。以下、『六合雑誌』からの引用は発行年・月・日のみ記す)である。横井は伝道を行う上で、「或人ハ神学ノ正シキヲ以テ伝道ノ骨子トナセドモ、余ヲ以テ之ヲ観ルニ神学ト徳行トハ屢々(しばしば)相離ルルコトアリ。余ハ寧ロ正シキ神学ト貴キ聖徳ト共ニ並ヒ存シテ始メテ伝道師ノ本分ヲ得タリト謂ワントス……尤(もっと)モ大切ナル予備ハ宗派ノ別ヲ忘ルルノ仁愛ヲ信仰ヲ実行スルノ聖徳ト、主ノ為ニ身ヲ擲(なげう)ツノ忠義ナリ……」と、伝道に際して、伝道者は神学的知識に加え、品行を正しくし、宗派を超えた聖徳をもって取り組むことが不可欠であるとした。そして神学的な教導ではなく、キリスト者の感化による伝道のあり方を重視したのである。

明治一〇年代後半から二〇年代初頭には、横井の周辺にもキリスト教信者の数が着実に拡大していた。「日本今後ノ伝道ニ付一二ノ鄙見(ひけん)」(一八八八・四・一八)では伝道が日に日に進み、伝道者が不足している事態まで起こっていると述べている。

では横井はどのようなものとしてキリスト教を説いたのだろうか。「基督教の要領」（一八八七・一〇・三二）ではキリスト教は奇跡をもって示される神の天啓に基づく「天啓教」であるとし、天啓により神は人間の尊貴と罪悪を示すとした。尊貴であるがゆえに罪悪を知る人間は、善悪について家族や国家といった関係性の中での道徳に関わらず理解できるとし、キリスト教は個人に根差した道徳の根幹を形成すると主張した。天啓が奇跡によって示されるとした横井は「基督は実に奇跡を行ひし事を論ず」（一八八九・二・一六）でドイツよりの聖書の新解釈、すなわち科学的な手法を用いて聖書を再解釈し、聖書中の奇跡の叙述に懐疑を呈する新神学に対する反論を行い、復活などキリストの奇跡は事実であるとした。

その約一年後、「日本将来の基督教」（一八九〇・六・一七）ではキリスト教の伝道について、欧米から移入されたキリスト教ではなく、「これより以後こそは、日本風の基督教を発達するの機会到来したるなれ、此機会に乗じて我日本風の基督教を宣伝せば、天下の人必ず靡然として之に服せん」との主張を始めた。この「日本風の基督教」とは、「日本風の神学を組織し、日本風の礼拝儀式を創始せん」とするものであった。

このような主張は「日本に於ける基督教発達の方針」（一八九〇・八・一七）にも同様に見られる。この頃先鋭化した宣教師間の教義争いなどを眼前にした横井は、この中で「余輩ハ外国の神学外国の慣習、外国の宗派を輸入し以て、日本人民の心を束縛せんとすることを悪しとする」と述べ、新たに外国人宣教師から独立した形での「日本風の基督教」を樹立することを訴えたのである。

奉教趣意書に参加し、同志社の自由な気風の中でキリスト教を学んだ横井は、伝道者として日本国内にキリスト教が広まることに大きな手ごたえを感じていた。しかし、一八九〇年前後より、新神学の影響や宣教師間の教義をめぐる反目などの中で、欧米人宣教師主導の教会の在り方や神学・教義に疑義を持ち、「日本風」のキリスト教を志向し始めたのである。

2　「日本風」のキリスト教

「教育と宗教の衝突」の中で

横井のかつての同窓であった井上哲次郎によって、一八九二（明治二五）年に、キリスト教は教育勅語の趣旨に反すると批判する論文「教育と宗教の衝突」が発表された。これに対し多くのキリスト者が反応し、保守派や評論家の間でいわゆる「教育と宗教の衝突」論争が繰り広げられるが、横井はキリスト教側に立つ論客としていち早く反論している。

まず、一八九一（明治二四）年一一月に、過去二年間に「基督教新聞」に掲載した社説を『基督教新論』として出版した。横井はキリスト教の本旨を「キリストを信じ且（かつ）愛し、吾人の心志言行を挙げて彼と同化し以て神の子となるにあり」とし、キリストの人格との同化を目指すとした。さらにキリストを通じて、その背後にある神を知ることができるとした。この時点では、聖書中のキリストの復活について、懐疑論者に反駁を行っており、ユニテリアンの新神学については、「ユニテリヤン主義の信仰は人間の精神を鼓舞活動し、世界に大義を明かにし幸福を満たすの功績未だ顕はれざる耳ならず、亦これ基督教固有の信仰に非ざるなり」として否定している。

一八九二(明治二五)年一〇月には『日本の道徳とキリスト教』を原田助と共著で出版した。横井は「倫理教育の目的を達せんには一定の主義を定め或は一定の教課書を備へたればとて直ちに其目的を成就し得べきものにも非ず」と学校教育における徳育の効果に懐疑を示し、徳育は信仰に支えられた人格によってのみなされると主張した。さらに「キリストもキリストの門弟等も共に忠孝の道を貴んで教えることは明なる事実にして基督教は父を罔し君を罔するの教なりと云ふは豈誣言の甚しきものに非ずや」とキリスト教は忠孝の道を妨げないとして、キリスト教への批判に対して反駁し、「吾人は今後キリスト教が我日本に伝播すると雖も少しも我が帝室に対し祖先に対し大義に反することなきを確信するなり」とした。そして、キリスト教は立憲政治の行われる時代の忠孝を提示できるとした。

一八九三(明治二六)年二月には、「基督教新聞」に掲載した社説を『宗教上の革新』として刊行した。古来より日本に忠孝が行われたのは儒教によるところが大きいとしながらも、儒教は「既に宇内の新知識を輸入して以て蜂の巣を打ち散らしたるが如く従来の制度文物と思想習慣とを破壊したる以後の今日に於て復び儒教を採用して以て人心を統一せんことは到底なし得べからざる」と、もはや時代にそぐわないとした。なぜならば「儒教は或一種の階級の為めに適用するを得べしと雖も之を国民全体の間に適用するを得べからざる」ためである。憲法が発布され、国民の間に権利が確立した時代にあっては、新たに個人に根差した宗教が求められ、これこそまさにキリスト教であるとした。そして、この宗教の改革は、あらゆる改革に優先してなされなくてはならないと述べた。

このように、横井は道徳問題と宗教問題を結びつけて論じ、憲法が発布せられた新たな時代に、キリスト教は個人と神を結びつけることで個人に根差した道徳を提示できるとして、キリスト教が国家に対し有用な点を主張したのである。

だが、この間の横井を取り巻く環境は決して順調ではなかった。特に布教活動においては明治一〇年代の熱狂的な拡大はもはや認められず、横井自身も新神学との間で葛藤が深まっていった。

一八九四（明治二七）年に刊行された『我邦の基督教問題』では、幕末から明治一〇年代にかけての布教活動を三期（準備・創業・成功）に分けて論じ、一〇年代は信者が日に日に拡大したが、二〇年代になると一変して停滞したと述べた。その理由として、欧化主義に対する保守主義の反動、一致教会・組合教会内の分裂、新神学の影響を指摘した。かつてはこの新神学に関して批判的であった横井であったが、「第十九世紀に於ける自然科学の進歩は従来の哲学思想を一変し、施いて歴史批評学の発達となり、旧神学の依りて立つ所の根拠をば震動するに至れり」と一定の評価をする姿勢に変化している。そのため、聖書に関しても「聖書を以て宗教上の全権者とは為す可らず……宗教道徳の修養を補助すべき一の良書として見るべきものなり」と相対化する姿勢が見られる。このような理解のもとで横井は、キリスト教について「西洋にて行ふ所東洋には適せざるものあり、東洋にて行ふ所亦然り。然れども基督教は一定特殊の応用を本領とするものにあらず。故に西洋にては西洋の如くにし、東洋にては東洋の如くするは固よりその然るべきところなり」として、「今後基督教を我国に伝道せんには、日本教会の独立と神学思想の独立とを全くするを以てその方針と為さざるべからず」と、西洋の移植ではない、日本の現状に適したキリスト教こそが目指されるべきであると考えた。ここに横井の「日本風」のキリスト教への強い志向があらためて発見されるのである。

このような横井の姿勢については「キリスト者たちが日本の伝統的な倫理的価値との対決を回避し、天皇制に次第次第に屈服していく姿」（西田毅「天皇制国家体制の確立と国家主義の抬頭」西田毅編『近代日本政治思想史』）や、「「日本風の基督教」がおのずから時代の大勢である天皇制国家主義を許容する結果となることも免れなかったのである」（家永三郎・猪野謙二「近代思想の誕生と挫折」『近代日本思想史講座』一巻）というように、天皇制国家への屈服・妥協とみる評価があるが、すでに教育勅語渙発以前より、日本のキリスト教の独立を主張していた横井が、天皇制国家との結合点を模索する中で、むしろ彼がもともと持っていた発想をより明確にしたと考えるべきであろう。

「日本風」のキリスト教の根幹

『我邦の基督教問題』が刊行された一八九四（明治二七）年五月から一八九六（明治二九）年六月まで、横井はアメリカのエール大学へ留学し、歴史学、哲学を学んだ。

留学中の横井はしばしばニューイングランドの宣教師の集会に参加したり、あるいは論文の発表などの文筆活動を行ったりした。その様子が新島遺品庫にある原田助宛書簡からうかがえる。一通目は一八九五（明治二八）年の三月二八日のもので、横井は三月二六日にブルックリンで行われた演説会に、ナックスらと共に登壇して演説し、ナックス氏の日本の国情・国民に合わせた宣教が今後求められるとの意見に感銘を受け、その後二人で大いに意見交換を行ったことを述べている。そこで日本への伝道は、日本人の旧来の思想に適応したものに変えていく必要があるという点で意気投合した。さらに、アメリカンボードの今後の日本伝道の方針は、どのような場合でも日本の教会の「思想の自由」を守る必要があると一致した。

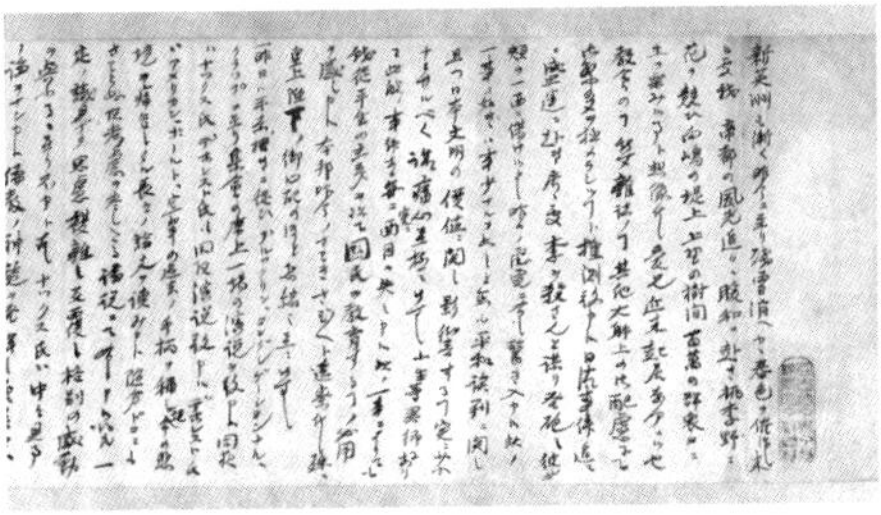

原田助宛横井時雄書簡（1895年3月28日）
（出典）同志社大学社史資料センター（新島遺品庫）蔵

その後、『我邦の基督教問題』の書評などに関連して「宗教の本旨」を述べている。

> 宗教の本旨ナルモノハ、仁ノ一字ニ帰し申候。ワケナレバ先ツ此ヲ他ノ神学哲学等より区別し以て其旨ヲ明カニスルヲ要シ可申候。乍然(しかしながら)其(その)上(うえ)神学ナルモノハ此人間の天性理ヲ好むノワケより起ラザルヲ得さるもノナレハ、自由ニ建築すべし。但しドクマタイスせす、自家ノ説ヲ以て他を圧(おさえ)んとせす、静カニ安らかに自説を持するヲ要することト奉存(ぞんじたてまつり)候……

これによれば、「宗教の本旨」とは「仁」であり、神学は個々人の理性より派生するものであって、教条主義に陥ることなく自由に自説を述べられるべきであるという。

次の四月七日の書簡では、横井は日本のキリスト教について「小子ノ願ふ処(ところ)ハ日本の宗教界ニ於て神学論ノ為(た)メニ分離別働スルコト無(なか)らんことにあり。ヒウマニチーハ宗旨宗派ナドよりも大にして且(か)ツ重きものナリ」と、神学論のために分裂することを回避し、「ヒウマニチー」(humanity)による一致をみる必要性を説いている。宗教の根底に先の書簡では「仁」と述べ、この書簡では「ヒウマニチー」と述べていることから、神学の根底にある宗教の本旨を「仁」つまり博愛や慈悲をもつ人間性とみていることがわかる。さらに「小生ノ志ハ天地ノ大道ヲ明(あきら)カニし以て今日の我日本ニ尽し併せて将来ヲ開カント欲する事ニ御座候」と、横井の宿願は、「天地の大道」を明らかにして日本の将来に寄与することとした。ここでいう「天地の大道」とは、先に述べた「仁」や「ヒウマニチー」と共通する概念なのかどうかは判然としない。ただ、横井は「天地の大道」を明らかにして国家に尽くす行為として、政界に入り政争を繰り広げることや、宗教界において組織を拡充するようなことは望まず、従来通りに言論界において活動することを希望している。

以上の書簡からうかがえる横井の思想について、横井が留学中に執筆した論文からも考察したい。一八九六(明治二九)年一月に発刊された倫理国際雑誌に「日本人の道徳及道徳思想」という論文を掲載し、その要旨が『六合雑誌』に紹介されている(「横井時雄氏の日本道徳論」一八九六・四・一五及び五・一五)。

ここで横井は、日本人の忠節は古来より存在し、儒教はその忠節を潤沢にすることに大いに功績があったとし、神道は王政復古の際にその忠節を皇室に結びつけるに大きく役立ったとした。その上で、

……旧来の思想は新思想の痛く批評する所となり、倫理学説及系統としては、全く其(その)論理的根拠

> を失ひ破却したり。今後若し日本人にして倫理上の新思想を有すべしとせば、そは日本人心の固有独特なる活動により生ぜられ、而かも其思想中には旧来の最も善良なる思想と、西洋文明の要素とが融合調和して含蓄せられざる可らず。……日本が絶東に於ける新文明力となるや否やの運命は、一に此問題を解釈し得ると否とに関す。
>
> 吾人は茲に基督教が日本の倫理問題の解明に対し、幾何の力を致したるか、又将来幾何の力を致すべきかを考へざる可らず。……基督教は日本の倫理思想に頗る重要なる要素を寄与したり。即ち独自の思想若くは箇々人自由の思想是れなり。……

と、儒教や神道の有益な部分と、西洋文明の要素をも加えた新たな倫理思想を起すべきと主張した。そしてその新たな倫理思想を構築する際、キリスト教は自由の観念を広めることに寄与できるとした。

以上述べてきたように、横井には神学や、あるいはキリスト教や儒教、神道などの枠を超えた宗教の本質へと向かう志向があった。つまり神学の教義の別や、さらにいえば宗教の別などにとらわれず、キリスト教を含めたあらゆる宗教の有益と思われる部分を包摂した新たな宗教を打ち立てることを、横井は目指したともいえる。横井のいう「日本風の基督教」とは、従来の儒教などに見られる「仁」や普遍的な「ヒウマニチー」の部分を継承しながらも、時代の趨勢に合わせてキリスト教の「自由」を加味した、新たな道徳を提示するものであったのである。横井の考える宗教の本質とは教義や儀式でなく、蘊奥に位置付ける「仁」や「ヒウマニチー」であり、そこに到達することこそ肝要であった。しかし換言すれば、このことは、横井がすでに、「仁」や「ヒウマニチー」に到達するための一つの手段としてキリスト教を相対化する視点を持っていたとも評価できる。

3 同志社綱領問題にみる横井の思想

同志社社長

一八九六(明治二九)年六月に横井が帰国した時の同志社は、小崎弘道社長のもとでアメリカンボードとの軋轢は決定的なものとなり、さらにキリスト教学校への批判的な風潮から、生徒数が減少するなど、受難の時を迎えていた。

同志社社員会に、横井は一八九七(明治三〇)年の四月一二日に開かれた新年度の第一回会議より参加している。同志社の議事録には個別の社員の発言などは記載されてはいないが、議事は主に人事及び予算に関することである。四月一五日に開催された第五回の社員会では小崎弘道の辞任を承諾する旨が可決されており、新社長を決定するための臨時社員会が五月一日より開かれ、五月三日の第二回臨時社員会で横井は社長に推された。

この際、横井は「横井氏校長候補者承諾ニ付テ方針覚書」という社長就任に向けての趣意書を提出した。横井は冒頭に「従来ノ思想感情ヲ一洗シ、社員職員共ニ協心同力大ニ同志社中興ノ業ヲ図ルヘキ事」を掲げ、当時の状況打破のために、「同志社従来ノ歴史ト現今日本ノ時勢トノ二者」の間に慎重に

「調和互譲ヲ謀ル」必要があるとした。後者の「現今日本ノ時勢」とは、当時同志社が進めていた中学校の設置が主たる問題であった。当時生徒数が減少していた同志社は、年少時より生徒を確保できる中学校の設置を目指していた。しかしこの中学校設置については、同志社と文部省との間での障碍が あった（コラム1参照）。また、横井は前者の「同志社従来ノ歴史」については、「同志社独立ノ主義ヲ確守シ、内外ニ関ハラス凡テ本社独立ニ反違スル処ノ干係ヲ結ハサル」こととして、これを断固として守る姿勢であった。では、同志社の歴史の中で培われた主義とはなんであったかといえば、「本社ハ基督教ヲ以テ徳育ノ基礎トナス、是レ永久不変ノ方針タリ」として、キリスト教による徳育こそ同志社の基礎であり、永久不変の方針とした。キリスト教に基づく教育とは、「基督教主義ノ教育トハ、基督教ノ感化ト基督教ノ見識トヲ将テ人材養成ノ必要具トナスノ謂ニシテ外ナラス、但シ、伝道師養成ト宗教学専攻ノ如キハ、本社神学校ニ於テ専ラ其事ニ従ハシム、本社全体ノ目的ト其ノ一部ナル神学校ノ目的トハ、画然分界ヲ分明ニセン事ヲ要ス」とあり、専らキリスト教の感化によって行われるものとした。聖書の字句や教義についての教授、あるいは伝道師の養成は同志社のキャンパスにある神学校において行われるが、その神学校の教授内容を全体の目的とはしないことを明確にしている。かつて若き日に横井自身がそうであったように、同志社のキリスト教は自由を基盤とし、新島や他の宣教師たちの人格・人間性により、知らず知らずキリスト教に感化していく、といった理想が横井にはあったのであろう。横井が同志社の歴史とし方針としたものは、かつての自己の原体験であった。

同志社綱領問題

社員会の決議を経て同志社の三代目社長（総長）に就任した横井が直面した課題が、いわゆる「同志社綱領問題」である。先に見た論争のように、横井らキリスト者はさかんに教育勅語や天皇制とキリスト教は矛盾するものではないと主張したが、教育界には根強くキリスト教に対する不信感があった。同志社はこの点を払拭しきれず、文部省は徴兵猶予の特典を認めなかった。しかしいよいよ生徒数減少に歯止めがかからず、「同志社滅亡」の危機感の中にあって、ついに、横井が中心となって一八九八（明治三一）年二月二三日、中学校に徴兵猶予の特典を得るため同志社の不変の綱領とされた「同志社通則」の「綱領」を削除、改正することを、社員会で決定した。

しかしこの削除、改正の措置をめぐって、校友会及びアメリカンボードの宣教師から猛烈な反対が寄せられる結果となった。『基督教新聞』紙上では三月から四月にかけてこの問題が報じられ、安部磯雄・柏木義円・牧野虎次・留岡幸助ら同志社出身者の内で論争が行われた。その主たる論点は、同志社のキリスト教教育がその後も継続されるか否かという点であった。こうした中、校友会では四月一四日、東京での校友会有志大会においてこの措置の是非を問う議決が行われ、反対数多数で社員会の決定が否認された。横井はこの「同志社綱領問題」の渦中にあって、「同志社の過去および将来」（『基督教新聞』付録、一八九八年四月二九日）という記事を発表している。横井は先に述べたように、かつての同志社のキリスト教は自由を根本としており、米国人宣教師も教義の点で学生を拘束することはなかったが、次第に同志社と宣教師の間に軋轢が生まれたとし、宣教師が教義を生徒に教授することを同志社に迫ったことをもって軋轢は決定的なものとなったとした。綱領の削除については、徴兵猶予の特典を得るためには「教育と宗教の範囲」の判別を要するため、やむを得ず削除する措置をとったことを述べた。そして、校友会の危惧する、同志社がキリスト教主義を離れるのではないかという点については、同志社のキリスト教主義は、キリスト教の教義を課業として教えるという狭義のものではなく、すでに同志社には神学校や教会があり、キリスト教の精神が同志社内に見られるため綱領を削除しても問題はないとした。また、アメリカンボードの宣教師たちとの軋轢については、アメリカンボードからはこれまで寄付をしてきたことをもって綱領削除の取り下げが求められたが、寄付をしたのは米人だけではなく、日本人の寄付も多数寄せられていることを挙げ、日本人の意見も斟酌(しんしゃく)して、今回の措置に踏みきったとした。この横井の主張ののち、六月二八日に行われた同志社神学館での校友会総会においては社員会の決定を承認しており、校友会からの大きな反対運動はいったん鎮静化した。

しかしアメリカンボードとの関係は好転することはなかった。七月に行われた宣教師年会において、宣教師らは同志社を強く批判し、同志社は福音主義キリスト教に立つ学校になるべきであり、さらに綱領を復活させるべきであると主張した。また、新神学の影響を除去することを求めており、このことは横井らの辞任を暗に要求している。この措置をとらないならば、同志社は開設以来アメリカンボードが寄付した寄付金全額を返還すべきであるというのである。この決議のもと、アメリカンボードは大隈重信首相らに働きかけ、同志社に対して訴訟を準備した。こうした問題が一学校の問題にとどまらず国際問題に発展することを憂慮した大隈は、同志社に寄付金返還か徴兵猶予特典返還のどちらかを選ぶよう勧告した。結果、一二月末に、訴訟問題を回避するため、横井以下、同志社社員は全員辞職した。翌一八九九(明治三二)年二月に綱領削除反対派による新社員会が発足し、新社員会は綱領の復元を決定し、ボード側と和解した。綱領は復元されたが、文部省は徴兵猶予の特典を取り消さなかった。

さて、辞職に際して一八九九(明治三二)年初頭に横井は「同志社社員総辞職ノ顛末」を著して、社長として目指したことについて言及している。横井は「同志社カ従来執リ来レル教育方針ハ、通則第一条ニ云ヘル如ク智徳並行ノ教育ヲ施シテ広ク人材ヲ養成スルニ在リ。基督教ヲ以テ徳育ノ基本トナスト云フハ、固ヨリ本社創立以来ノ主義ナリト雖、是唯基督教ヲ以テ徳育上必要ノ要素トシテ認メタルニ外ナラサルナリ」と、同志社の教育はキリスト教そのものを教授することではなく、これを徳育の根本としたうえで知識の教育も行われることとした。この点は「同志社カ宗教学校即チ伝道師養成所ニ非ズシテ、大ニ此種ノ学校ト其撰ヲ異ニスル所以ノモノハ、同志社創立ノ顛末及ヒ大学設置ノ主旨書等ニヨリテ明ナリ」と、その創立以来の趣旨と主張している。横井は、同志社はその歴史において一度もキリスト教を生徒に強制したことはなく、むしろ「新島氏カ学生ヲ薫陶スルヤ、常ニ自由寛大ノ精神ヲ以テ強イテ宗教上観念ノ異動ヲ問ハサリシコトハ事実ノ顕著ナルモノ」と、新島以来宗教上の自由及び寛容こそその主旨であったと述べた。横井が綱領を削除したことについては、「同志社本来ノ主義ニ背カサル耳ナラズ、帝国現今ノ情勢ニ於テ基督教的普通教育ヲナスニ能ク適合シタル処ノ処置ナリト信セサルヲ得ス」と、この同志社のキリスト教の伝統を保持しつつ、時勢に即した同志社の生存の道を目指した、まさに横井が社長就任に際して述べた本懐と異なるものではなかったのである。つまり、横井にとっては同志社の存続こそが第一義であって、教義については多少の妥協を許すものであった。なぜならば、横井にとってキリスト教は感化によって広まるものであって、教義によるものではなく、さらに、同志社にはすでにキリスト教による感化の力があるのであるから、綱領を削除したとしても同志社のキリスト教は変わらないとの理解があったからであろう。しかし、宣教師や同時代の人びとには、綱領の文言にとらわれることなく同志社のキリスト教の感化力こそ本質と考えていた横井の考えは理解されていなかった。同志社の再生について、横井は彼の考える同志社の伝統と、彼自身のキリスト教の理想、そして現実に直面する課題に妥結点を見出し、結果としてはそのことが功を奏した点は再評価されるべきだろう。

参考文献

同志社大学人文科学研究所編『「六合雑誌」の研究』教文館、一九八四年
西田毅「横井時雄の立憲政治論」『同志社法学』同志社法学会、二〇〇〇年
ポール・ボラー著、北垣宗治訳『アメリカンボードと同志社　1875―1900』同朋社、二〇〇七年
横井時雄『我邦の基督教問題』警醒社、一八九四年
横井時雄『基督教新論』警醒社、一八九一年

コラム1
同志社綱領問題

辻　富介

一八八九年の徴兵令の改正により、かつては代人料を納付するなど様々な徴兵猶予が認められていたが、男子は原則として兵役の義務を負うとされた。ただし、官立学校や師範学校・中学校と、文部大臣が中学校の学科程度に準じると認めた学校の在学者は徴兵を猶予すると定められた。いわば徴兵猶予の特典である。徴兵を忌避する男子にとっては、中学校の生徒となればよかったため、人気があった。同志社は新島以来、この特典を得るために苦慮してきた経緯があった。文部省が同志社にこの特典を裁可しないのは、その学力水準ではなく、同志社の掲げるキリスト教主義のためであった。
「同志社通則」とは新島の存命中の一八八八年に作成されたもので、その第一章を「綱領」として、以下のように定めている。

第一条　知徳幷行ノ主義ニ基キ教育ノ業ヲ挙クルヲ以テ本社ノ目的トス
第二条　本社ヲ同志社ト称ス本社ノ設立シタル学校ハ総テ同志社某校ト称シ悉ク本社ノ通則ヲ適用ス
第三条　本社ハ基督教ヲ以テ徳育ノ基本トス
（…中略…）
第六条　本社ノ綱領ハ不易ノ原則ニシテ決シテ動カス可ラス

このうち、文部省との交渉において最大の障碍となるのは第二条及び第三条であった。第二条は同志社の設置するすべての学校にこの通則を適用するとし、第三条はキリスト教を徳育の基本と位置付けている。この綱領のままであれば、新規に設置する中学校にもこの通則は適用され、キリスト教を徳育の根本とすることとなり、文部省はこの点に危惧をもったのである。そこで横井を中心とした社員会は、「至急改正ヲ要スル部分第一章第二条及第六条ヲ削除スル事」を決議した。さらに第一条を「第一条　本社ヲ同志社と称シ、智徳幷行ノ主義ニ基キ教育ノ業ヲ挙クルヲ以テ目的トス」と改め、すべての学校に同志社の名を冠さないこととし、本社を同志社とするとした。この削除、改正の理由について、「第二条ハ本社ガ執ル所ノ教育主義ニ関シ世間ニ誤解ヲ喚起スルノ恐ナキ能ハス、因テ之ヲ削除シテ本社ノ運動ヲ自在ナラシメントス」として第二条があるがために同志社が「誤解」を受けているとし、第六条については「第六条ハ素ト本社綱領ノ大主意ニ関シ其永代動カス可ラサルコトヲ指スモノナルヘシト雖トモ、文字厳格ニ過キテ一字一句モ変更スルヲ許ササルニ似タリ、斯ノ如クシテハ却テ本社ガ其綱領ノ大主意ヲ活用シテ大ニ本社ノ事業ヲ発達セントスルニ際シ、其障碍トナルノ憂ナキ能ハス、寧ロ之ヲ削除スルヲ可トス」と、この綱領は本来永久不変と考えるべきであるが、時勢の変化に伴い同志社発展の障碍となった場合、これを削除することこそ妥当としたのである。しかし第三条は改めないことで、横井は最後の砦たるキリスト教主義は守ったと考えた。

この改正によって、一八九八年三月一六日、同志社は尋常中学校及び文科・理科・政法学校を含む高等普通学校の徴兵猶予の特典を認可された。

第4章　海老名弾正――「実験」に支えられた「異端」者の生涯

望月　詩史

海老名弾正肖像
（出典）渡瀬常吉『海老名弾正先生』龍吟社，1938年，扉

海老名弾正（えびな・だんじょう　一八五六―一九三七）は、一八五六（安政三）年に柳川に生まれた。幼名は喜三郎である。一八七二（明治五）年に熊本洋学校に入学し、L・L・ジェーンズの感化でキリスト教に入信した。一八七六（明治九）年に海老名を含む洋学校の生徒三五名が花岡山で「奉教趣意書」に署名した（奉教結盟）。洋学校の廃校に伴い、同年に同志社英学校に入学する。在学中に安中に伝道し、新島襄と安中教会を設立した。一八七九（明治一二）年に同志社を卒業し、安中教会牧師となった。その後、日本基督教伝道会社社長、神戸教会牧師を経て、一八九七（明治三〇）年に本郷教会牧師となり、一九二〇（大正九）年まで務めた。一九〇〇（明治三三）年に『新人』を発行した。編集スタッフとして内ケ崎作三郎、小山東助、吉野作造

ら東京帝国大学の学生が加わった。一九〇一（明治三四）年から翌年にかけて植村正久とキリストの理解をめぐり福音主義論争を展開する。一九二〇（大正九）年同志社総長に就任し、法学部・文学部の整備、専門学校の再建、男女共学の実施、国際精神の普及に努めた。一九二八（昭和三）年に総長を辞任後、本郷教会名誉牧師として国内外の教会を応援した。一九三七（昭和一二）年に死去した（享年八二歳）。海老名の信仰は、伝統思想との断絶や格闘を経ておらず、むしろそれらとの連続性を有する点で「日本的キリスト教」「神道的キリスト教」という特徴を持つ。それゆえに、「正統」派から「異端」視された。

1　二つの「回心」

幼き頃の「実験」

海老名弾正は、一八五六（安政三）年に福岡柳川藩の家禄百石の家に生まれた。幼名は喜三郎と名付けられた。ちなみに、彼が「弾正」に改名するのは、一八八二（明治一五）年八月である（關岡一成『海老名彈正——その生涯と思想』教文館、二〇一五年）。

さて、海老名の信仰は「異端」と評されるが、それは幼き頃より積み重ねられた様々な「実験」に起因している。その最初は、実母から武士の覚悟を教えられたことである。主君の禄を食む武士は、いざ戦となれば、主君のために身を捧げる、つまり、討死にする覚悟を持たなければならない。幼き海老名は、自らが「死ぬために生きている」事実に大きな衝撃を受けた。それに続くのが、実母の死

（一八六五〈慶応元〉年）である。これをきっかけに海老名は「来世を知りたい」との思いを抱き始めた。その思いをさらに強くしたのが、継母の騒ぎである。これは海老名の実母の幽霊が、継母のもとに現われたと毎晩のように騒ぎたてたことで家庭内に混乱が生じた出来事である。海老名は苦痛を感じたが、同時に幽霊の正体を明らかにしたいという思いを強くし、それが英学や科学に対する興味を深める契機となった。

実母の死、継母の騒動に続いて、一八七一（明治四）年に廃藩置県によって藩が廃止された。それは自らが仕えるべき主君の喪失を意味した。だが、未だに「忠君の精神的要求」が存在する。そこで、海老名は主君に代わる新たな「忠」の対象たる「権威」を求め始めたのである。

熊本洋学校入学

実母の死去と同年に伝習館に入学した。廃校後は、練兵組や藩立文武館で漢学を学び、一八七一（明治四）年に文館で英語を学び始めた。その後、東京遊学が叶わなかったことから、熊本への遊学を決意した。新たな「忠」の対象たる「権威」を欲していた海老名にとって転機となったのが、横井小楠の甥である横井大平の建言に基づき、一八七一（明治四）年八月に創設された熊本洋学校（白川英語学校）への入学である。同校は、西洋の技術・思想を輸入することを目的に、米国予備役陸軍砲兵大尉L・L・ジェーンズ（Leroy Lansing Janes）を招聘（しょうへい）して開校した。海老名は、一八七二（明治五）年九月に第二期生として門をくぐった。

当初、ジェーンズは、聖書を教えることを控えていた。だが、着任から三年ほどが経った頃、生徒を自宅に招いて聖書の講義を始めた。そのきっかけは、市原盛宏が「最良のキリスト教について、私たちはもっと知りたいのです。どうか先生、どれを最良のキリスト教とお考えになるか、ぜひ教えて下さい」と教えを請うたことだった（ジェーンズ『熊本回想』熊本日日新聞社、一九九一年）。翌日、海老名もジェーンズのもとを訪れた。ジェーンズを通じて、キリスト教思想に感化された生徒らは、一八七六（明治九）年一月に花岡山で奉教結盟を行った。

熊本バンド有志

（出典）渡瀬常吉『海老名弾正先生』龍吟社，1938年，扉

ところで、一八七五（明治八）年に熊本洋学校内では、福音を信じる者が現われたことにより、生徒間に「西教派」と「儒教派」に分裂する事態が発生した。そのため、午前中にキリスト教を学び、午後は竹崎の下で儒教を学んだ。海老名の場合、竹崎の下で学んだことによる収穫として、「天」の理解が一層深まったことが挙げられる（前掲『海老名弾正―その生涯と思想』）。具体的には、「天」を敬う精神（敬天）が自覚された。だが、「天」を活物と捉えるだけでは、未だそれをゴッドとして受容するには至らなかった。そこに至るまでには、「天」を「本心の親」とする熊沢蕃山に代表される陽明学の解釈が必要だった（同前）。

しかし、ジェーンズのもとで学んだ近代洋学の影響も無視で

海老名とジェーンズ
（出典）『近代日本キリスト教名著選集 第3期 キリスト教受容史篇 22』日本図書センター，2003年，扉

きない。海老名が科学によって宗教に接近したと述べるように、特に、物理学に接した際に「西洋器械之術を学び始めたやうな心地」を抱いた。そして、近代洋学を学ぶにつれて、ある変化が生じ始めた。それは、儒教における「天」の理解に関わる。つまり、「天」とは西洋における「ゴッド」ではないかと考え始めたのである。この段階では、まだ宗教に入らなかったものの、「天」を人格的なものとして認識する契機が芽生えた。

第一の「回心」

さて、海老名が第一の「回心」をしたのは、ある日の夜にジェーンズの自宅で開かれた聖書講義の時である。これまでどうしても神に対する祈りを捧げることができなかったが、ジェーンズから「祈は造物者に対する我々の職分である」と言われた瞬間に、「私には全く光が見えた。嗚呼、私は職分を怠って居た。済まない事をした、職分であれば膝も曲がる。頭も下がるどんな事でもする」との思いを抱き、これまでの疑問が一掃されたのだった。そして、この日を境に、「自己中心」から「神中心」へとコペルニクス的転回が生じたのである。

神は主神として私の職分を自覚した時に初めて良心がオーソリチイーを得た。非常に嬉しかった。これは私の生涯に於ける新生である。私の信仰は良心が神と結ばれて権力を回復した。救はれた云ふ言葉が嫌ひであったが、非常に偉い所へ引き挙げられた。

（「余が信教の由来」『新人』第二三巻第七号、一九二二年七月）

自らの存在が引き上げられた結果、「天」との距離が近くなったと実感した。とはいえ、神を「天の父」と仰ぐには至らなかった。あくまで「神を主君と仰ぐ態度」であり、「私は忠臣として神に仕へんとした」と述べるように、神を「君」、自らを「臣」と位置付ける「君臣の道徳的関係」として捉えていたからである。したがって、海老名の信仰はその初めより、人間の原罪や十字架による贖罪といった意識とほとんど関わりを持たなかった。

同志社英学校入学

花岡山の奉教結盟以来、熊本県内の保守派のキリスト教に対する激しい反発を生じ、キリスト教に関係する人々への迫害が相次いだ。洋学校の生徒も決して例外ではない。この事態を受けて、一八七六（明治九）年にジェーンズの解任と洋学校の廃校が決定した。

海老名をはじめとする洋学校退学組が同志社英学校に入学したのは、同年秋である。当時の同志社は開講して間もない時期であり、人材も設備も不十分であり、また、学則や寄宿舎の規則もないことから学生は不満を募らせていた。その時、ジェーンズが同志社を訪れた。彼はかつての教え子たちに対して、開校間もない時期であることを考慮すべきであり、新島らに学則や塾則の設定を要求したらどうかと助言した。学生は早速行動に移し、新島はその要求を受け入れた。

だが、それでも満足できないことがあった。それは同志社で学ぶ神学である。その原因は、同志社の宣教師が教える神学が正統派神学であるのに対して、ジェーンズが教えた神学が自由神学であったことに起因する。また、それが「教条的なものを排した自由なキリスト教の理念」に基づいて「内発的、創造的な考え方」を重んじるという特徴を有していたことも影響していた（土肥昭夫「海老名弾正――思想と行動――」和田洋一編『同志社の思想家たち（上）』同志社大学生協出版部、一九六五年）。さらに、同志社では聖書を無謬（むびゅう）とする「聖書のみ」に立脚していたことも反発を生む原因だった。

海老名は不満を抱いていた学生の中で「急進者中の最急進者」（浮田和民「青年時代の面影を偲ぶ」『同志社新報』第一六号、一九三七年八月）であった。実際に、海老名はある日の朝、聖書の朗読と祈禱が行なわれていた集会の最中に、新島、J・D・デイヴィス（Jerome Dean Davis）、D・W・ラーネッド（Dwight Whitney Learned）に対して、「吾々学生が、非常の時節に遭遇して居る事実を述べ、諸先生に今少しく時事に適切な訓話があって欲しい。特に先生方は往々東京にも行かれるから、中央の形勢位は見て来て語って貰ひたいものである」と訴えた。このような「脱線的演説」（前掲「青年時代の面影を偲ぶ」）をぶったことに外国人宣教師は激しく憤ったが、新島が仲介し、宣教師の説得を試みて何とか事態は鎮静化した。

海老名は依然として、同志社の神学に満足しなかったものの、伝道活動には熱心に取り組んだ。一八七七（明治一〇）年の夏季休暇中、海老名は伝道のため安中に赴き、翌一八七八（明治一一）年一月にも再度安中に向った。そして、同年三月に新島から三〇人が洗礼を受け、この時に安中教会が創立された。海老名は、七月に東京で開催された日本基督教徒大親睦会に安中教会代表として出席した後に同志社に帰校している。だが、この頃の海老名は、過労と粗食が原因で視力衰弱が悪化し、失明の危機に陥っていた（渡瀬常吉『海老名弾正先生』竜吟社、一九三八年）。

第二の「回心」

このような身体的危機を迎えた時期に第二の「回心」をする。本を読めない日々が続き、瞑想に耽る（ふける）ことが多くなっていた時にあることを悟った。それは欲望の存在によって、憂鬱に沈んでいることである。特に、知識欲が自らを苦しめていることに気が付いた。葛藤に悩まされた中、最終的に次のような心境に到達した。

私は貪知の欲になやまされ、義勇奉公の勲功を立てんと欲して、尚之（なおこれ）を為すこと能（あた）はず、而して、私は神の与へ給はざるものを取らんと熱中する天地の泥棒、大罪人である。さらば、私は罪悪の土塊であって、果して何も取るべきもの、神の聖旨に合するものは何もないだろうか。否ある、私の胸奥には尚、神を愛慕する一片の至情がある。この至情には罪はない。さらば今後、私はこの一片の至情に生きよう、この至情だけは神の思召（おぼしめし）に適するに相違なし。

（「新時代の宗教」『新人』第二二巻第一〇号、一九二一年一〇月）

そして、夕暮れの大宮御所の庭園で、「有益なる忠僕として一生を送り得ずして一赤子（せきし）として御懐に居ることが聖旨であるならば、願くは、聖旨に任せ給へ」と祈り、それにより、「奉教以来始めてキリストのゲッセマネの聖き祈に与(あず)かることを得た」のだった。その時以来、「上帝」が「父」となり、「赤子」の心が自覚された。それに伴い、これまでの「忠臣義士」としての意識が薄らいでいった。

このように、海老名は自らの信仰の根拠を「神の赤子」である自覚に求めるに至った。彼の信仰は、「忠君の意識（一二万石の大名の家来）→皇帝の家来→神の家来（A Servant of God）→神の子供（赤子 A Child of God）」（前掲「新時代の宗教」）と変遷したのである。これは彼のキリストや聖書の理解に深く影響を及ぼすこととなった。

2　各地の伝道活動

安中教会時代から日本基督教伝道会社社長時代

一八七九（明治一二）年六月に同志社英学校余科を卒業した海老名は、新島の命を受けて、群馬県安中教会に牧師として赴任した。按手礼を受けて、安中を拠点に伝道活動を行った。その後、前橋教会に転じた。この時代の伝道活動は全県に及ぶものであり、大きな成果を上げ、信者が急増した。一八八六（明治一九）年四月の組合教会総会で伝道の拡張（海老名曰く「伝道的発展拡張」）のために牧師移動の必要性が議論された。決議の結果、海老名は東京に移った。組合教会では、東京第一教会と番町講義所が既に伝道活動を展開していたことから、本郷湯島四丁目（神田明神坂上）の旗本屋敷の門前長屋に

「博愛館」講義所を開設した。それが一八八六（明治一九）年一〇月である。それから、信者の増加に伴って西片町、金助町と移転した（弓町本郷教会百年史委員会編『弓町本郷教会百年史』日本基督教団弓町本郷教会、一九八六年）。

順調な伝道活動が行われていたにもかかわらず、一八八七（明治二〇）年に海老名は熊本教会に赴任する決意をした。その背景には、横井時雄の妻が亡くなり、母が脳溢血で倒れるという横井の家庭事情が関わっていた。海老名の妻みやが横井の妹という事情もあり、海老名は横井一家を東京に招く代わりに、自らが熊本に赴くことを決意したのである。熊本時代に伝道と並行して熊本英学校、熊本女学校の創設にも関わった。自ら「熊本伝道ほど身体の疲労したることは無く音声は全く閉塞し殆んど廃人たらんと致し候」（渡瀬宛書簡、前掲『海老名弾正先生』）と語るように、精力的に活動したのだった。

一八九〇（明治二三）年一〇月、海老名は日本基督教伝道会社社長に就任した。組合教会の全国的伝道の管理運営に当ったものの、その役割を十分に果たせず、次期選挙では落選した。

神戸教会時代

一八九三（明治二六）年に神戸教会の牧師に就任した。この神戸時代に、海老名は一部のキリスト教徒から「異端」と見なされるようになった。それは、この頃に「人間イエスに注目し、自由主義神学・新プロテスタント主義に立脚するようになった」（前掲『海老名弾正――その生涯と思想』）ことと無関係ではない。また海老名自らも、「我は神戸時代に於て独り親しく耶蘇（やそ）の宗教的意識に入り、その奥義を窺(うかが)はんと熱中したのである。(中略)我は忠実なるクリスチャンであると自覚したのである」(「伝道三十年」『新人』第一五巻第七号、一九一四年七月)と言うように、神戸時代はキリスト者として重要な時期であった。

一八九四(明治二七)年八月に日本政府は、朝鮮の独立確保を大義名分に清国に対して宣戦布告した。日清戦争をめぐり、キリスト者は「義戦」論を展開して戦争の意義を認めた。海老名もその一人だった。開戦直後、教会の礼拝ではいち早く忠君愛国の説教をした。また、戦争を正義に根ざす「義戦」と捉えて、その大義名分を宣揚することを決心した。この立場は、日露戦争時も変わることがなかった。

3 本郷教会時代

『新人』創刊

一八九八(明治三一)年、海老名は再び本郷教会の牧師に就任した。そして、一九〇〇(明治三三)年七月に『新人』を創刊した。海老名は主筆を務めていたが、出版法上、彼は第一巻第五号(一九〇〇年一二月)から第二〇巻第一〇号(一九一九年一〇月)まで、「発行人兼編輯人」を務めた(田中真人「『新人』の意義と性格」同志社大学人文科学研究所編『『新人』『新女界』の研究』人文書院、一九九九年)。そして、毎号の社説・巻頭言を執筆した。これによって、「説教・演説の人」という従来のイメージに「文筆家」としてのイメージも

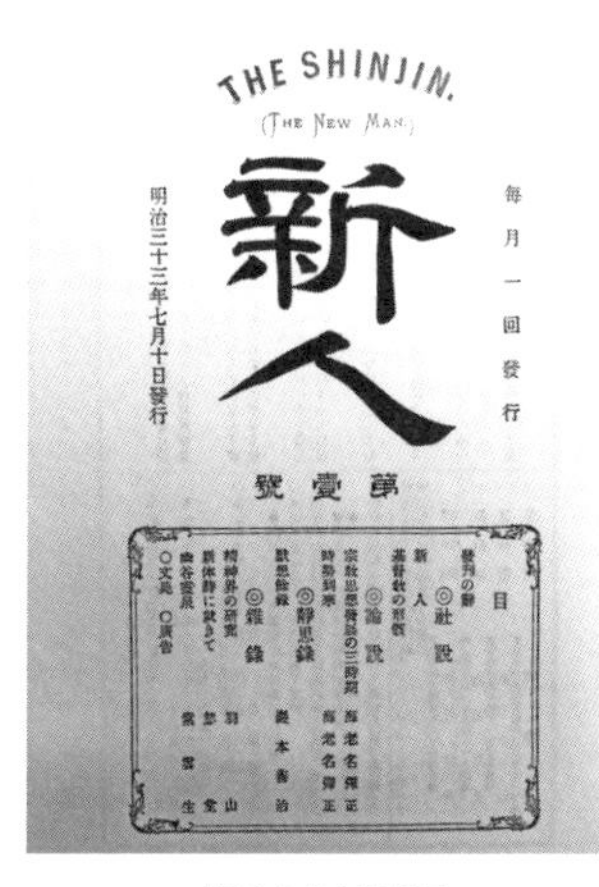

『新人』創刊号
（出典）復刻版『新人　第1巻』龍渓書舎，1988年

加わった。

雑誌の編集スタッフとして、東京帝国大学の学生が加わった。そのきっかけとなったのが三沢糾の存在である。彼が『新人』の編集に参加し、また、海老名の説教を筆記した。さらに、東大基督教青年会寄宿舎の学生に寄稿を依頼したことをきっかけに、内ケ崎作三郎、小山東助、吉野作造らが編集スタッフとして加わったのである。特に、吉野の海老名に対する献身ぶりは目を見張るものがあった。吉野にとって海老名との出会いは、彼の思想はもちろん、神観念にも大きな影響を与えた（「予の一生を支配する程の大いなる影響を与へし人・事件及び思想」『中央公論』一九二三年二月号）。

海老名は本郷教会の牧師として伝道活動を行う一方、『新人』そして一九〇九（明治四二）年に創刊した『新女界』（一九一九年二月終刊号）などに文章を書き続けた。

福音主義論争

海老名は、日本のキリスト教の中における自らの存在を「異端」と表現するように、その神学思想は、自らと神の関係を「父子親有」と捉える「赤子」意識、さらにはキリストを「人」と理解する点に特徴があった。ただし、キリストは人間に内在する「神性」を完全な形で体言した完全な人格であるがゆえに、その「神性」を認めていたので、ユニテリアンとは立場を異にした。しかし、十字架や贖罪信仰は否定している。これは二つの「回心」や種々の「実験」を経て信仰に入ったことが影響している。

海老名の神学思想は、正統派との間に対立を生じさせた。それが表面化したのが、一九〇一（明治三四）年九月から翌年にかけて展開された福音主義論争である。論争相手は植村正久である。議論は、キリストの神性をめぐり展開されたが、結局のところ、「三位一体」をどのように理解するのかが主な論点だった。

さて、論争のきっかけとなったのは、植村が「福音同盟会と大挙伝道」と題する文章を『福音新報』第三二四号（一九〇一年九月）に発表したことだった。この中で植村は、福音同盟会の大挙伝道に対して疑義を表明するとともに、「余輩は神、人となりて世に下り、十字架に死して人の罪を贖いたるを信ず、余輩の信ずる耶蘇基督は、活ける神の独子にして、人類の祈をうけ礼拝を受くべきものなり」と信仰告白をした。

これに対して、海老名が「福音新報記者に与うるの書」（『新人』第二巻第三号、一九〇一年一〇月）を発表した。そこでは、先に引用した植村の信仰告白の内、第一に「神、人となり」に疑問を呈した。神は「永久不変」の存在だが、それを「神、人となり」というのは矛盾しており、神が人になるとすれば、最早神は神ではなくなるからである。第二に「世に下り」の箇所について、「世」とは何を指すのか、神の「無処不在」を信じているのではないかと問うた。

これ以降、海老名は『新人』、植村は『福音新報』に相次いで文章を発表して論争が繰り広げられた。植村は自由主義神学やユニテリアン主義のキリスト理解、つまりキリストを「人間」と捉えることを否定した。そして、キリストの神格（神性）と受肉降世、その十字架上の死による罪の贖い（贖罪）を重視する立場を明らかにした。一方、海老名は、「神は父で我はその愛子である」という立場から、独自のキリスト理解を展開した。

論争から約半年後の一九〇二（明治三五）年四月に開催された第一一回福音同盟大会で「キリストの神たるを認めざる教会並びに教師伝道師は本会に加盟するを得ず」と決議され、「福音主義」の立場が確立した（武田清子「海老名弾正評伝」海老名弾正『新人の創造』教文館、一九六〇年。雨宮栄一『牧師植村正久』新教出版、二〇〇九年）。また、海老名が福音同盟会から除名された。ただし、第一二回福音同盟大会（一九〇六〈明治三九〉年開催）で復帰している。

「神の子」意識

そもそも、海老名が正統派神学に疑問を呈したのは、進化論に代表される新たな学説によって、従来の神学思想、神学論は変化すると考えていたからである。もちろん、「自由派」の中には極端な立場もあり、それには賛同できないとしつつも、それが隆盛であることは認めざるを得ない。そして、次第に「基督人格論」（『将来之宗教』新仏教徒同志会、一九〇三年）が勢いを持ち始めたとの認識に達した。

「基督人格論」とは、「基督を神として礼拝し、之に祈禱を捧げるといふことは正しくないことかと思ひます」というように、キリストを「神の子」として見ない点に特徴がある。そもそも、海老名は神と人の関係を「父子関係」と捉えている。それでは、キリストはなぜ「神の子」と呼ばれるのか。キリストは自らが「神の子」であることを意識して、「最高最上の有様に達した」存在だからである。だが、同時に海老名も「神の子」なのであって、その点からいえば、キリストと自らの関係は「兄弟の関係」なのである。さらに、我々が神の「子」であるという意味は、「人が神の中にある」ことを指すのであって、「神人となり、人神となる」。キリスト教の汎神性を指摘するのもこうした理解に起因している（前掲『海老名弾正――その生涯と思想』）。なお、後に「神の子」から「神の友」（A Friend of God）としての意識が強まり、それに伴って、自らとキリストの関係も「友」へと変化した（前掲「新時代の宗教」）。

朝鮮伝道

一九〇三（明治三六）年一〇月、第一九回日本組合基督教会総会で朝鮮伝道が決議された。そして、翌年に剣持省吾を朝鮮に送った。その後、組合教会は第二六回総会（一九一〇〈明治四三〉年一〇月）で「全会一致を以て朝鮮人伝道の開始を決議」し、朝鮮伝道部の設置に伴い、渡瀬常吉が主任に就任した。この決議に基づいて本格的に朝鮮伝道を開始したのが、一九一一（明治四四）年であり、同年六月に「朝鮮伝道に関する宣言」を発表した。組合協会の朝鮮伝道に対して、政財界の援助や総督府の寄付が寄せられた。寺内正毅総督は、同化政策としてキリスト教を利用しようと企図しており、総督府の機密費から年額六〇〇〇円を匿名寄付した。

海老名は一九一一（明治四四）年に早速朝鮮に赴いた。「日本人が進んで朝鮮の土人に道を伝へんことは久しい間の同志の願であった」と述べつつも、「朝鮮人の感情其物迄も融和する事は一朝一夕の事業では勿論ないのである」として、今度の伝道活動がより重要な意味を持つとした（『朝日新聞』一九一一年七月一一日付）。そもそも、海老名が朝鮮伝道を支持したのは、朝鮮の教会が自主独立を実現する上で意義があると考えていたからである。そして、「朝鮮人は最早日本人なり、昔時の朝鮮人にはあらざるなり」という認識の下、伝道の目的について、「一は以て鮮人をして、帝国の忠良なる臣民たらしめ、一は以て神の奴僕又は幼児にあらずして、雄健なる神子たらしむるにあり。言ひ換ふれば日本にて成功したるものを我同胞に布殖し、以て帝国の教化は帝国臣民が担任すべきを自覚せしめんとするにあり」（「朝鮮人伝道」『新人』第一二巻第五号、一九一一年五月）と説いた。

組合基督教会は、一九一四年六月に朝鮮集中伝道を行い、『新人』は「朝鮮伝道号」の特集を組んだ（第一五巻第一〇号、一九一四年一〇月）。その中で海老名は、朝鮮の儒教主義を打破することは不可避だが、それに代わる「霊的方面の要求」を満たす存在としてキリスト教を挙げた。そして、「基督教は日鮮民族を根本的に融合せしめその血脈に於て同一人種たる事実を実現せしむること断じて難事ではない。血脈よりも熱烈なるは同一の霊である。（中略）日鮮人の根本的融合は正しくこの霊能に由る外はないのである」（「日鮮人の根本的融合」）と論じて、改めて朝鮮伝道の意義を説いた。

朝鮮伝道の結果、信徒数は一時、二万人を超えたが、独立運動の高まりとともに衰退した。最終的に、第三七回総会（一九二一〈大正一〇〉年一〇月）で朝鮮伝道の中止を決議した。

日露戦争・第一次世界大戦

海老名をはじめ、ほとんどのキリスト者は、日清戦争を「義戦」と位置付けて、戦争の正当性を訴えた。だが、内村鑑三は、日本の戦後経営を目の当たりにして、「義戦」と唱えた自らを「馬鹿者」と評し、その誤りを認めた。そして、内村は、日露開戦に反対の立場を採り、「戦争廃止論」(『万朝報』一九〇三年六月三〇日付)では、「余は日露非戦開戦論者である、戦争は人を殺すことである、爾うして人を殺すことは大罪悪である、爾うして大罪悪を犯して個人も国家も永久に利益を収め得やう筈はない」と非戦論を唱えた。

一方海老名は、日清戦争時と同様に日露戦争の意義を認めた。そして、「戦争に集中」しなければならないこの時期に非戦主義を唱えることを「奇観」と評し、また、「イスラエルの建国者モーセ以来、古往今来、国家は決して戦うことなくしてよく起りし事なし」「キリスト教は絶対に戦争を否認するが如く、しかく狭隘なるものに非るなり」などと述べて、戦争を経なければ「国民の大元気は勃興して来らない」と説いて戦争を支持した(「聖書の戦争主義」『新人』第五巻第四号、一九〇四年四月)。また、日本の相次ぐ勝利を喜び、その勝利は「新文明の旺盛」、一方ロシアの敗北は「旧文明の衰頽」と述べた(「我戦死者を想ふ」『新人』第六巻第四号、一九〇五年四月)。

海老名の戦争支持の態度は、その戦争観に由来している。そもそも、戦争を「弱肉強食の修羅場」と捉えることに異議を唱える。人々が私利私欲を忘れて時局に協力している姿を目の当たりにして、「崇高なる他愛の道念が大なる動機として、伏在するを認めすんばあるべからず」と認識していたからである（「何を以て慰問す可き乎」『新人』第六巻第八号、一九〇五年八月）。また、「軍人の生活ほど雄々しく、勇しく、神々しきはあらざるべし」、「犠牲的精神こそは、実に人をも活かし、我をも活かす救世主の生活なれ」とも述べている。

この戦争観は、第一次世界大戦時にも変わらない。世界大戦に現代文明の現状を打破する「一道の光明」を認めており、戦争を通じて「神の審判」が下されるであろうと予想した。具体的には、世界大戦を契機に、帝国主義や軍国主義から世界的人道主義へ移り変わりつつある状況を「神の審判」と評した（「大戦乱裡に行はる、神の審判」『新人』第一九巻第一〇号、一九一八年一〇月）。したがって、連合国側の勝利は、彼にとって「公明正大なる人道主義の勝利」と受け止められたのである。

4　同志社総長時代

一九一九（大正八）年一月に原田助が同志社総長を辞任した後、総長事務取扱約務担当の中村栄助が社務を統括した。それは総長候補者からの承諾が得られなかったためである。当初、第一候補が安部磯雄、第二候補が浮田和民であった。しかし、両氏が固辞したため、海老名が候補者として浮上した。だが、海老名の総長就任に難色を示す理事が存在した。それは彼がかつて「同志社は果して存在の価値ありや」（『新人』第六巻第七号、一九〇五年七月）で、新島の死によって、同志社の「使命」は終わったと断じたことが影響していた。

さて、海老名が次期総長の候補者として浮上した頃、彼は外遊に出ていた。一九一九（大正八）年一月から約一年間、フランス、イタリア、イギリス、アメリカを訪問し、翌年一月に帰国した。帰国後、海老名は総長就任の要請を受けた。だが、本郷教会牧師である以上、彼の一存で諾否を決められなかった。本郷教会会員は、海老名の総長就任に対して慎重な態度を採った。本郷教会が復興したこの時期に海老名を送り出すことに対する懸念が存在したからである。だが、一九二〇（大正九）年三月二日に開催された本郷教会の臨時総会において、海老名は、「私は一日として同志社のことを思わない日はない。最近の同志社は紛争のため、益々酷くなって来ている」「同志社は根本的改造を必要とし、大いなる宗教的精神を渇望している。私は是非これを同志社に与えたい」と述べた上で、次のように発言して、牧師辞任の承諾を要請した。

同志社の使命はキリスト教主義の人物を社会に送り出すことであり、そこに新しい教育の必要がある。今が、同志社としては一番の難関の時であるから、私としては是非やって見たいというインスピレーションが湧いた。東京にいながら、余力を以てやれるような事柄ではない。凡てを捨てて同志社再建に没頭する為には、私は本郷教会を辞めなければならない、是非私を同志社にやって下さい。諸君にも私にも難関はあるけれども共に苦労をなめようではないか。

（前掲『弓町本郷教会百年史』）

最終的に満場一致で海老名の牧師辞任を可決した。それを受けて同志社理事会は、三月二二日の臨時理事会で海老名を次期総長に推薦することを決定した。そして、四月に海老名は同志社総長に就任した。なお、この年、大学令による同志社大学が開校したことに伴い、文学部（神学科、英文学科）、法学部（政治学科、経済学科）、大学院、予科が設置された。

『同志社新報』第一七四号（一九二〇〈大正九〉年四月）は、巻頭ページに「告校友会員諸君」と題して海老名の総長就任が報告された。『同志社新報』第一七五号（一九二〇〈大正九〉年五月）には、海老名の「就任の辞」が掲載された。ここでは、同志社創立から今日に至るまでの歴史を振り返り、現在は第四期に入ったとして、第一次世界大戦後の世界的動向を念頭に置きつつ、「世界は改造されつ丶あります、日本も大変化を来しつ丶あります」と述べ、この時代に同志社は「一陽来復」の時機を迎えたと説いた。その理由として挙げたのが、次の四点である。第一に「人格教育」が重要視され始めたこと、第二に「デモクラシー」が高調され始めたこと、第三に「インターナショナリズム」（万国主義）、第四に女性の覚醒である。とりわけ、第三については、新島がインターナショナリズムを抱いた「愛国者」であったことに触れながら、「熱烈なる愛国心」と「インターナショナルスピリット」（世界魂）が「同志社の大精神」を形作っていることを力説した。

総長就任までに紆余曲折あったものの、その後、海老名は一九二四（大正一三）年の総長選挙で再選、一九二六（大正一五）年に三選した。在任期間は八年八か月に及んだ。そして、この間に大学の充実（学部増設や多彩な人材の採用）が図られ、それに伴って学生数が増加し、さらには男女共学（一九二二〈大正一一〉年）も実現した。また、原田総長時代から続く、科外講演（特別講演）も大変盛況だった（同志社社史資料センター「第三二回Neesima Room企画展「大正デモクラシー期の同志社――原田助総長と海老名弾正総長の時代―

―」資料編」『同志社談叢』第二八号、二〇〇八年三月)。海老名総長時代に同志社は「真の一大興隆の運を開いた」(前掲『海老名弾正先生』)。しかし、一九二八(昭和三)年一一月、昭和天皇が御所に滞在中、有終館から出火したことの責任を取る形で、一一月二五日の臨時理事会で総長、理事、幹事の総辞職が決定した。

その後の海老名は、本郷教会名誉牧師として精力的に活動すると同時に、「日本精神」に強く関心を抱いた。そして、中江藤樹・熊沢蕃山・富永子源・広瀬淡窓らの思想を手掛かりに、日本精神とキリスト教が結合した「新日本精神」の創出に期待を寄せたのだった。

5 「大勢」・「時勢」とどのように向き合うか

海老名の思想と行動を振り返ると、時代状況に応じて柔軟に変化あるいは臨機応変に対応していた印象を受ける。だが、この点が往々にして否定的評価を受けてきた。例えば、土肥昭夫は、海老名において「対決折衝の論理よりも摂取包括の論理が働く」と指摘した上で、「「から」の自由を媒介しない「へ」の自由が彼の思想の基調になる。彼が時代の潮流や他人の論理をたくみに処理した「調子のよさ」はそこからうまれてくるのである」(前掲「海老名弾正――思想と行動――」)と指摘する。そして、決断を迫られる事態(例:教会合同問題)に直面した時、海老名が曖昧な態度を採ったことに言及しつつ次のように断じた。

このゆき方は決して歴史を主体的に創造する決断的な行為ではなく、事態の成りゆきに身をゆだねる、きわめて非主体的な態度である。このような態度こそ状況本位に動く時代便乗主義をうむ基本的姿勢というべきであろう。（中略）現実の動きに対する是々非々を明らかにする主体的基軸を喪失し、状況本位に動く折衷的雑居性の中に転落する可能性を持つ。事実彼は近代日本の思想的社会的潮流に巧みに自己の論理を適応させ、国家主義、帝国主義、個人主義、国際主義といった動きの中に自己を安住させていった。（同前）

海老名が「大勢」や「時勢」に敏感であったことは事実である。実際に、彼は頻繁にこれらの言葉を用いており、それに順応することを説いていたからである。ここから明らかなのは、彼が「変化」を決して厭（いと）わなかったことである。ちなみに、「変化」を海老名の思想や行動の特徴と見ていたのが山路愛山である（「我が見たる耶蘇教会の諸先生」『太陽』第一六巻第一六号、一九一〇年一二月）。

海老名が周囲の感化を受け易く、また、環境の変化にも敏感に反応していたことは事実である。だが、「時勢」や「大勢」に順応する傾向は、海老名に限られたものではなく、むしろ同時代人にも共通しており、さらに、戦後の日本人もその傾向から免れているとはいえない。つまり、「現実の動きに対する是々非々を明らかにする主体的基軸を喪失し、状況本位に動く折衷的雑居性の中に転落する可能性」を今なお私たちの社会が内に孕んでいるということである。

日本がアジア・太平洋戦争の敗戦を受け入れざるを得なかったのは、「終戦の詔書」（一九四五〈昭和二〇〉年八月一五日）において明らかなように、「世界ノ大勢ト帝国ノ現状トニ鑑ミ」、「世界ノ大勢」が

「我ニ利アラス」と判断したからである。そして、「大勢」と同様に不可逆的なものとして受けとめられている「時運」の赴くところに基づき、「堪へ難キヲ堪へ忍ヒ難キヲ忍ヒ以テ万世ノ為ニ太平ヲ開カムト欲ス」と決断したのである。戦争の終わり（それは同時に戦後の始まりでもある）が「大勢」によって決せられたと同じように、その後のＧＨＱによる民主化政策、非軍事化政策などの占領政策による政治的、経済的、社会的変動も抗うことのできない「大勢」として受けとめられた。

あるいは一時期「グローバル化」が盛んに叫ばれたが、それも「大勢」として逆らうことができないものと受けとめられた感が強く、それに「乗り遅れるな」という掛け声の下に、相次いで「改革」という名の「破壊」が実施された。だが、そもそも「グローバル化」自体が何を目指すのかが定かではなく、具体的な目標が定まっていないため、「破壊」ばかりが先行して「建設」が伴わない。その結果もたらされたものといえば、社会の〝歪み〟や〝亀裂〟である。

こうした状況を見るとき、「歴史を主体的に創造する決断的な行為ではなく、事態の成りゆきに身をゆだねる、きわめて非主体的な態度」と批判された海老名と現代に生きる私たちは、さほど距離を隔てない位置にいることを再認識させられる。

参考文献

渡瀬常吉『海老名弾正先生』竜吟社、一九三八年
土肥昭夫「海老名弾正――思想と行動――」和田洋一編『同志社の思想家たち（上）』同志社大学生協出版部、一九六五年

武田清子「海老名弾正評伝」、海老名弾正『新人の創造』教文館、一九六〇年
岩井文男『海老名弾正』日本基督教団出版局、一九七三年
關岡一成『海老名彈正――その生涯と思想』教文館、二〇一五年

第5章　浮田和民——「半宗教家」「全教育家」として

榎本 恵理

講義中の浮田和民
（出典）伊東久智「浮田和民「鉄石の心」を貫く」早稲田ウィークリー，2015年12月14日〈https://www.waseda.jp/inst/weekly/column/2015/12/14/11516/〉

浮田和民（うきた・かずたみ　一八六〇―一九四六）は、一八六〇（安政六）年、肥後国（熊本県）に生まれた。幼名は栗田亀雄と称し、四歳で和民と名を改め、一一歳で浮田姓を名乗る。一二歳で熊本洋学校へ入学して、ジェーンズのもとで勉強し、一六歳で受洗する。その後、京都の同志社英学校へ入学し、卒業後は大阪天満教会会頭、『七一雑報』編集長等を経て、一八八六（明治一九）年、同志社に講師として就任する。一八九二（明治二五）年よりイエール大学に約二年留学する。その後、外国人宣教師との紛争等もあり、一八九七（明治三〇）年同志社を辞任した。同年、東京専門学校（現早稲田大学）の教員に就任して活躍する一方、「内に立憲主義、外に帝国主義」という「倫理的帝国主義」を標榜して、吉野作造・大山郁夫らに多大な影響を与えた。後年は「半宗教家」「全教育家」と自ら公言した。一九四一（昭和一六）年に退職するまで早稲田大学で教鞭をとり、一九四六（昭和二一）年死去する。

これまで浮田の思想は、「倫理的帝国主義」を標榜した者として、時代に応じさまざまに解釈されてきた。近年、姜克實が『浮田和民の思想史的研究』（二〇〇三年）を出版し通史的な浮田像を浮き彫りにしたが、彼の人生を追っていくと、彼自身時代に応じさまざまな顔をみせている。『同志社の思想家たち』（上巻一九六五年、下巻一九七三年）では浮田は取り上げられなかったが、ここでは浮田を「同志社の思想家」の一人として位置づけ、ジェーンズや同志社・新島襄などとの関わりを中心に彼の思想形成、人生を追いながら、「半宗教家」「全教育家」と公言した彼の思想の諸相をみていく。

1　思想形成

熊本洋学校入学

浮田和民は一八六〇（安政六）年一月二〇日肥後国熊本竹部久本寺東横町に、熊本藩士栗田伝助の三男として生まれた。祖先代々は熊本藩主細川家に仕えた下級武士だったが、維新で武士の身分は廃止され、和民が生まれた時点ですでに家運が傾いており、父は生家を売却し竹部村元三天堂へ移転した。彼は貧困の中で育った。栗田家は、関ヶ原の戦いで西軍の総大将を務めた宇喜多秀家の子孫だったという言い伝えがあり、維新後の一八七〇（明治三）年に栗田家は浮田に改姓している。和民一三歳の時に、「熱病流行」のため、父、母が相次いで亡くなった。この両親の相次ぐ死は、浮田に厭世的観念をもたらしたと思われる。それ以後は、和民より一五歳年長の兄真郷が父母の代わりとなって、和民に大きな影響を与えた。真郷は最下級の官吏だったが、横井小楠を仰ぐ熊本実学党の末尾の一員だった。和民は困窮のため藩校や私塾に通えず、この兄から儒学（「大学、孟子、論語」）などを学んだ。その後、兄の計らいで、一二歳の時、他の武士に交じり熊本洋学校の一期生として入学する。熊本洋学校は、アメリカ人ジェーンズ（Leroy Lansing Janes 一八三八—一九〇九）を迎え、明日の日本を背負う剛毅な精神を持つ若者たちを養成することが期待された。

四年目（一八七四〈明治七〉年）秋以降、市原の要請に応える形で、ジェーンズは週一回夜自宅で聖書講読を始める。初期のメンバーに浮田も加わった。そのほかには、山﨑・金森・下村・横井（伊勢）・宮川・海老名らがこの聖書講読に加わり、やがてその集まりは花岡山の「奉教趣意書」の誓約へとつながっていく。ジェーンズの教えるキリスト教は教義・教典にとらわれず、人格の成長、人間性の全面的発展に着眼を置いたものであった。このようなジェーンズを浮田はどのようにみていたのだろうか。「講談人としての経歴」（『文章世界』、一九〇八年）では、「ゼンスは実に偉大な先生だと思った。だから其言なら一々服従する。もっとも切に勧める耶蘇教だけは初めは疑ぐって居たが、此奴も終に信仰するようになった。種々の奇跡なども格別初めほど怪しくなくなった。そして西洋文明の神髄は耶蘇教である。我国も文明国たらんとせば宜しく耶蘇教を輸入しなくては成らんなどという議論を吐く。全くゼンスの感化である」と述べている。「其言なら一々服従する」ほどで、その感化は宗教にも及んだ。後で述べるように、ジェーンズの存在は後年の彼の人生（進路）にも影響を与えた。

浮田はジェーンズから愛人愛神の原理を受け継いだのだった。この愛人愛神の原理は、「神と人は人格において平等」との理解からきたものであり、榎本久人は「浮田をして深い厭世主義を乗り越えた理由でもあった」と述べている（「浮田和民研究・愛神愛人の宗教」『民衆史研究』一九八九年一一月号）。花岡山の盟約後、熊本洋学校は宗教迫害を受け廃校となり、ジェーンズは解任された。浮田は、ジェーンズの勧めにより、小崎ほかバンドの同志二〇数名とともに、一八七六（明治九）年九月、同志社に転入することとなった。

同志社へ入学

浮田は、当時東京に居を移していた兄に、一八七六（明治九）年八月頃、同志社入学の希望を伝えた。兄は開成学校（東京帝国大学）へ入れるつもりだったが、彼は入学試験に通る自信がなかった。「将来、自分は独学でやっていくつもりであり、京都には新島という人物もいるし西洋人もついている。京都の学校へ入る方が好都合」と兄の意見をきかず京都へ赴く。こうして同年九月に同志社へ入学したが当時の同志社は入学試験もなかった。その頃同志社で教鞭をとっていた外国宣教師の中で、浮田が評価していたのはエール大学を首席で卒業したラーネッド（D. W. Learned）だった。元来寡黙なラーネッドは、知っていることは何でも答えたが、知らぬことになると一言の下に'I don't know.'と答えて要領はなはだ明白であったとし、「誰も教員たる者は斯くこそありたけれと思はぬ者はなかった」と述べている。ラーネッドからは経済学を学んだが、当時の同志社は、不平不満が渦巻いていた。熊本洋学校でジェーンズのもと、英語による授業を受け、西洋の学問一般、さらには漢学をも身につけて研鑽を積んでいた熊本バンドの人々にとって、できたばかりで体制の整わない同志社の授業は取るに足りないものに思われたのは無理もないことである。熊本バンドの仲間たちが退学を視野に入れ、爆発寸前のところに恩師ジェーンスが大阪から上洛し、「自分が諸君を京都へよこしたのは学校が完全であると思ったからではない、自分は新島、ゴルドン、デヴイスの諸氏を信じた故である。諸君は各々自分の学校だと考えればよいではないか、これから如何様にもなる訳だから、自分の学校と思えばよい」と彼らを諭した。それ以降、彼らは積極的に同志社と関わり変革していく。浮田もその中で、専ら哲学・神学や関連する諸学科を学び、一八七九(明治一二)年に第一期生として卒業している。

浮田をはじめとする熊本バンドの人々は、当初、新島を学問の師としては物足りないと捉えていたようである。もちろん人格については深く信頼を寄せていたようだが、「実際は後年の様な声望は其時はなかった」としている。新島への尊敬の念は徐々に高まっていったとみるべきだろう。

新島襄との関わり

熊本バンドの仲間の中では新島襄との関係が一番薄いともいわれる浮田であるが、新島死去後、一八九〇(明治二三)年三月二三日に同志社公会堂で行われた追悼会では次のように演説している。「先生の才は学才に非ず若し爾来先生をして今日に至るまで衆教員と共に伍を為さしめば日本に於て現今の新島氏を失ひしことなる可し人各々能あり不能あり是の如きは固より先生の長所に非ず」と学才についての評価は低いものの、新島先生は「多情多涙の人」で、「人に接し公衆に対し話説するや毫も理論を用ふる所なし唯だ赤心を推して人の腹赤に置き継ぐに涙を以ってせざること莫し」と、理論的というよりむしろ情を以て人に接していたと浮田はみていた。さらに「夫れ天下を動かす者は知識の力に非ず感情の力に在り」と述べている。感情こそが人を動かすとみているところが興味深い。さらに、一九一二（明治四五）年には「同志社の創設者　新島襄先生」（『太陽』臨時増刊第一八巻、一九一二年）で、明治期の教育家として、福沢諭吉や大隈重信と共に新島襄を挙げ、「彼れは、大隈伯や福澤先生と同じく国民的教育家たる資格を共通に有って居つた。併し大隈伯の如く政治家でもなければ又た福澤先生の如き実務家でもなかった。彼れは教育家であると同時に熱烈なる宗教家である」と評価している。「要するに新島先生は情の人であつて能く人を感動せしむる力があつた」、「彼れの才は学才ではなく其の頭脳は寧ろ明敏ではなかった」と、ここでも学問的なことよりも「情」の面における新島を高く評価している。

このように、新島を宗教者・教育者として高く評価した浮田であったが、新島没後すぐの追悼会では新島の短所にも触れている。一八八〇年代半ばに基督一致教会（長老系）と組合教会（関西地域アメリカン・ボード系）の合同問題において、弟子たちの説得、和解の努力にもかかわらず新島が意見を曲げず、教会独立と自由維持の理由で断固として合同に反対し、一八八九（明治二二）年に破局に至ったことについて、「迷信とはなんぞや凡そ事物の目的と方便とを混一して目的よりも方便に熱中するの謂是なり自由は人生の目的に非ず所謂人生の目的を達するの方便なり而して先生之を称すること殊に甚し」と述べる。浮田は、新島が人生の「目的」よりも自由という「方便」を重視し、目的と手段を倒置したと批判的にみていた。そこには浮田にとって人生の「目的」がいかに重要であるかが垣間見える。彼は、もとより教会合同論者ではなく宗派そのものに疑問を抱いていた。同志社第一期卒業生の中でも、新島と一番疎遠だったとされる浮田であるが、その原因が、「キリスト教の信仰問題こそ、浮田が新島に嫌われた主要の理由であったようである」といわれるように、信仰という点において新島と浮田の間には距離があった。

2 同志社教員時代

同志社奉職

同志社卒業後、浮田は大阪の天満橋教会に赴任し、牧師としての生活を送ることになった。しかし、伝道師になる意志はなかったので、一八八二(明治一五)年には教会関係の職を辞め、ジャーナリズムの世界に飛び込む。信仰については、同志社在学中から浮田はもともと熱心な信者というわけではなかった。在学中の一八七六(明治九)年一一月京都に第一、第二、第三公会と称するキリスト教会が設けられ、同志社余科の学生たちはその中心となり教会運営にあたり、浮田も西京第一公会に所属した。また、冬休み・夏休みを利用し、地方への布教活動も行われた。しかし記録によると、浮田は伝道に二回のみ参加し、熱心な信仰心があったという形跡はうかがえない。奇跡の解釈をめぐって信仰と科学の間で苦悩していた様子も見られる。

教会関係の仕事を辞め、次に職を求めたのは、日本最初のキリスト教雑誌『七一新報』、『六合(りくごう)雑誌』だった。その後、一八八六(明治一九)年、浮田は母校の同志社に戻り、教員として教壇に立つようになった。当初の一年間は文筆活動も少なかったが、翌年になると『六合雑誌』へ堅い学術論文を、『同志社文学雑誌』へ青年に対する啓蒙・教育を目的とする文章を、『国民之友』へ全国の読者や徳富蘇峰を意識した文章を、次々と寄稿するようになる。徳富蘇峰は熊本洋学校からの後輩であるが、年少とはいえ熊本時代から文章と漢学の面で勝っていた彼に、浮田は畏敬の念を抱いていた。またこの間、カーライル(Thomas Carlye)、ロッシェ(Rudolph Hermann Lotze)などの読書に没頭している。

浮田は、一八八九(明治二二)年の「基督教ト日本青年」で、教育の目的は、現世のための有為なる人材の養成であると教育論を展開し、一八九一(明治二四)年に『同志社文学会雑誌』に載せた「教育の目的」では、「生業」のための各人の資性の完全なる発育が必要であると述べている。この頃になると新神学の思想に傾倒するようになっていく。「教育勅語」後は、いわゆる「宗教と教育の衝突論争」に、浮田も留学先のアメリカから「立憲国に於ける教育の方針」を載せ論戦に加わる。井上哲次郎らに反発しつつも、浮田や小崎の立場は受身的にキリスト教の教義は必ずしも教育勅語に反するものでないと弁護し、キリスト教の愛と教育勅語の忠君愛国の調合を図ろうとした。

さらに、「日本道徳論」(『国民之友』一八九二年六月)では、進化した現今の文明社会において、封建道徳の価値を否定した上で、道徳として第一に、新しい道徳として西洋文明をもたらした科学尊重の「学術的道徳」、第二に、産業と労働の神聖を唱え「最大多数の最大幸福を目的とする」「産業的道徳」、第三に、自由の権利とともに国家への義務をも重んじる「憲法的道徳」の三点を挙げている。封建的忠孝仁義をキリスト教の愛神愛人と同格化し、日本の国体、皇統の護持を唱える論調は、教育勅語の国体思想に対する浮田の妥協、迎合だったと思われる。

アメリカへ留学

浮田は、一八九二（明治二五）年八月に横浜港を出発して、コネティカット州ニューヘブンのエール大学へと向かった。すでに、湯浅（吉郎）・森田・市原らがエール大学で Ph.D 学位を取得しており、浮田も歴史学、政治学及び社会学を学んだ。渡米後、浮田はすぐにミシガン州アルボルに立ち寄り、一六年ぶりにジェーンズに再会したが、その時ジェーンズは失意の中にいた。ジェーンズは、帰米後、家庭の紛争に巻き込まれ、妻の実家スカッダー家より離婚訴訟を起こされ、離婚されていた。さらに宗教界で影響力をもつ義父スカッダー博士から侮言や中傷を受け、社会的に大きなダメージを受けて不遇な生活を強いられていた。その後、スカッダー博士の息子ハリーによる殺人事件などのスキャンダルでスカッダー家は失脚したが、アメリカン・ボードの宣教師たちはこの間、ジェーンズに冷たい態度をとり続けた。それと対照的に、熊本バンドの仲間たちは恩師の不遇を心配し、アメリカに行くと必ずジェーンズの家を訪ねた。浮田もその訪問者の一人だった。浮田はその後アメリカン・

ボードの幹事クラークへ手紙を送ったが、これはバンド全体の要求を代弁したもので、内容はジェーンズをめぐる在日宣教師議会の対応への不満で、要求が受け入れられなければ事件の全容を「全世界」に公表する用意があるという、ボード本部への直訴である。ところが、本部は在日宣教師議会と同じような態度だったので、浮田は激怒する。

一八九三(明治二六)年五月には「帰郷後のヂェンズ先生」と題した草稿をアメリカから『六合雑誌』に寄せた。これは、アメリカン・ボードに突きつけた浮田の挑戦状であり、同時に伝道会社に対する暴露と激しい非難であった。彼は「先生過去の功績を賞賛するを欲せざるのみならず宣教師諸氏が頗る正義に吝かなるの跡あるを見て嘔吐に堪へざる者あり何となればヂェーンス事件に対しては宣教師中一人の之を弁護する者なりしに拘はらずシカゴ事件に対しては〇〇〇氏を始めとし之を弁護する者甚だ多く……」と激しい口調で宣教師たちを糾弾している。このジェーンズ事件の公開によって、浮田とアメリカン・ボートの宣教師たちとの対立は、もはや繕えないほどに深刻化した。そしてやがて浮田の地位と学業にも暗い影を落とすことになっていく。というのも浮田の留学資金は校費ではなかったので、拠出金を得る必要があったが、ジェーンズの名誉回復のためにもアメリカン・ボードや教会関係からの援助は避けたかった。しかし、奨学金を申請したエール大もコロンビア大も奨学金審査に落ち、結局、彼はラーネッド教授の知人であるJ・N・ハリスから年四〇〇ドルをもらうことで当座はしのいだ。

この間、彼は一八九三(明治二六)年一〇月には「米国の宗教及び道徳」を『国民之友』に特別寄書してアメリカの宗教の実態を批判し、さらに「米国家族道徳の一大欠点」として米国の婦人を批評的に論じたので、宣教師たちはますます激昂した。翌一八九四（明治二七）年一月には、当時浮田が暮らしていたニューヘブンの新聞に、この文章が同志社宣教師デフォルトの序文を添え予告なしに掲載されるという事件が起こった（ニューヘブン事件）。これによりニューヘブンでの立場が悪化したこともあり、浮田は帰国の意思を固めるに至った。結局同年三月帰国の途につく。学位も取得できず、宣教師とアメリカの宗教社会の批判に終始し、失意のままの帰国となった。この時抱いた宣教師たちに対する憤りもあったのか、後に、彼はアメリカン・ボードからの独立の急先鋒となっていく。

宣教師との確執と辞職

留学の敗北感、アメリカの宗教・社会に対する失望も重なり、帰国後の浮田は、ナショナリズムの傾向を助長させていた。一八九四（明治二七）年の同志社政法学校での講演では、西洋文明の問題点を指摘する一方、「人民の肉体のみならず是非精神上一国を支配すべきは政府たるの義務」として教育勅語と調子を合わせて「忠義心」に基づく「宗教愛国心教育」の必要性を説いている。「君主政治の衰ふるに従ひ忠義心を減ずると共に義務を忘れ利己主義に固着し国民の品格を下し政府腐敗の原因となります故之れを防がんには宗教愛国心教育に依頼せんければなりません宗教は心中に君主あることを思はしめ自然忠義心を発達せしむるものであります」と、伝統道徳の復活ならびに和洋道徳の折衷・調和を主張した。

浮田が留学中の一八九三（明治二六）年九月に、ジェーンズが第三高等学校の英語・英文学の講師として来日し、同志社で三回の講演を行ったが、反宗教的立場から、聖書への問いかけ、形式的に組織された教会への疑問、進化への信念などが述べられ、外国宣教師の猛反発を招いていた。もともと外国宣教師たちは同志社を伝道者の「養成学校」と考えていたが、新島たちは、伝道者養成のみならずキリスト教に基づく近代的学問を習得させ国家社会に貢献する人物の養成を目指している等、同志社設立の当初から両者には微妙なずれがあった。険悪な雰囲気が渦まく中、帰国後の浮田は「外国宣教師論」を『六合雑誌』に寄せ（第一六四号、一八九四年）、さらに激しい宣教師批判を行った。彼は、宣教師による説教等は理想上の真神を「天に在して禍福を下民に降す」如く理解し、「偶像」化しているとした。さらに宣教師の存在意義と協同事業の有効性を否定し、「外国伝道会社」「外国宣教師」から同志社の「完全独立」を呼びかけるに至った。

一方、浮田が所属していた同志社政法学校は、一八九一（明治二四）年の開校以来不振続いていた。一八九五（明治二八）年度在校生は九名、卒業生は本科二名、撰科二名で、翌年には創立以来の大黒柱であった小野英二郎博士が辞任した。この危機に化学校の一部廃止も加わり、さらに病院と看病婦学校も経営の危機に瀕した。このような状況のもと、一八九五（明治二八）年に浮田は「同志社改革案」を提出し、尋常中学校設置に向けてリーダーシップをとっていく。アメリカン・ボードからの独立のためには、資金の問題を解決しなくてはならない。そのためには、尋常中学を設置して資金面を乗り切る方向だったとみられる。当時の浮田個人の独断の草案を見ると、同志社の教育方針として「第一条同志社各学校の教育は知徳併行の主義に基づき其業を挙るを以て目的トス。第二条　同志社各学校は基督教を以て徳育の基本トス。一、愛人の理想　二、一夫一婦の大倫　三、父子兄弟の道義　四、忠君愛国の精神」と、「基督教主義」の建学方針を継承しながら、その大部分を儒教道徳、日本道徳に置き換えている。これは公にはならなかったとはいえ、何としてでも資金面の障碍を乗り越え独立する、独立ありきともいえる行動であった。一八九六（明治二九）年には同志社尋常中学校の教頭、評議員などを務め、新島没後の小崎校長を支えた。

当時の同志社は、キリスト教主義から天皇制国家主義教育へと舵を切ったようにとられるが、その屈従について、大学当局は一八九六（明治二九）年三月に「この両者を羅列し、共存させる」と述べている。尋常中学校設立認可申請書においては「聖書を教科書として倫理科目を教える」と記したが、京都府庁がこれを認めなかったので、四月の教員会で、聖書の使用を中止し、勅語の趣旨に基づく人倫道徳を教えることにした。府庁はさらに「宗教儀式の執行は認めない」と追加注文するが、同志社はこれをあっさり受け入れる（『同志社大学百年史』一九七九年）。浮田は、同年六月には大西祝の書簡で、同志社は「基督教主義ならざるべからざる」、「将来同志社の教育は宗教に対しては、十分自由に発達進化すべきの余地」があると述べ、「小生の宗教思想は……基督教といふを得べく、支那、日本に在りては或いは儒教とふことも出来、又或いは単にModern Cultureといふ方適当ならんかと存申候」と、自身の宗教思想について言及している。このような状況を、姜克實は「日本的キリスト教を目指し、新神学と国家主義に大きく傾斜していった熊本バンドにとって、倫理教育に教育勅語を導入することはそれほど深刻な問題にならなかったようである」、「浮田本人はむしろ喜んで教育勅語を受け入れたと推測される」と述べている（『浮田和民の思想史的研究』二〇〇三年）。

こうして、一八九六（明治二九）年四月以降、同志社はアメリカン・ボードとの関係を断った。しかし、その後内紛が起こり、校友会から当時の社長である小崎、浮田への辞職勧告が提出された。この時は社員会が拒否したものの、翌一八九七（明治三〇）年五月には小崎、浮田ともに辞表を提出し、同志社を去ることになった。

3　倫理的帝国主義の展開

倫理的帝国主義の展開

浮田は同志社を辞任後、同年東京専門学校（現早稲田大学）へ移り「西洋史」を担当した。そして、一九〇一（明治三四）年に「日本の帝国主義」「帝国主義と教育」、一九〇三（明治三六）年には「帝国主義の理想」（三月）と「帝国主義の倫理」（九月）、さらに一九〇九（明治四二）年には『倫理的帝国主義』等、「帝国主義」に関する論文や著書を次々に発表していく。それ故、浮田は「帝国主義者」あるいは「立憲主義帝国主義者」としてみられることがある。主に一九六〇年代の先行研究（山岡桂二 一九六四年、宮元又久 一九六七年、栄沢幸二 一九六八年）では、浮田の立憲主義を、一九六〇年代によく見られるマルクス主義的価値観に左右され、「天皇制絶対主義勢力」の支配体制を補強する道具として否定する見方が大勢で

浮田和民書画「鉄石の心」

（出典）伊東久智「浮田和民「鉄石の心」を貫く」早稲田ウィークリー，2015年12月14日〈https://www.waseda.jp/inst/weekly/column/2015/12/14/11516/〉

あった。しかし、一九八〇年代に入ると、武田清子らは「帝国主義」を丁寧に分析し、浮田を手放しに「帝国主義者」と呼ぶことに異論を唱えた（『日本リベラリズムの稜線』岩波書店、一九八七年）。

武田によると、浮田のいう「帝国主義」は、国際法を守り、国際法上の完全なる国家としての位置を保持し、産業・技芸・学問・宗教等において各国と健全な競争をなし、人類開花、世界の福祉に寄与、貢献することを理想とする国家の在り方を指していた。このような帝国主義のためには自国内部の民主主義化が必要である、と国民教育の重要さを指摘したのであった。つまり浮田の「帝国主義」は、イギリスのジョン・A・ボブソンが一九〇二（明治三五）年に唱えた「帝国主義論」とは内容を異にしているのである。ボブソンのいう「帝国主義」は、その経済的基礎に注目し、産業界や金融界の関係者たちが、国内の過剰資本に対する私的市場を求め海外侵略を図る、つまり戦争と軍国主義という対外政策によって目的を達成しようとする侵略的膨張主義である。政府が主となり、軍事的に進めていくものであった。それに対し浮田が主張したのは、自然的膨張主義であり、人民が主体となる経済活動に重点を置いたものであった。そのためには民主主義化が必要であり、浮田は、自主独立の人格の養成を主眼とする国民教育の必要を強調したのである。国民教育の精神の改善が必要で、服従主義の道徳よりも自由主義の道徳を奨励しなければならないと浮田は考えていたのであり、ここには対外的侵略主義は全く見られない。「彼の国民教育論はあくまでも自由主義的である」、「彼の思想の中核をなすものは人間尊重思想（ヒューマニズム）に基づく自由主義だと断定してよいだろう」と武田は述べて、従来の浮田の評価を一掃した高い評価をしている。しかしその後、日本が満洲事変、日中戦争と突き進む中で、浮田は日本の立場を正当化していく。それを武田は「一つの躓き（つまずき）の石」と評したが、浮田を帝国主義者とする評価を誘い出すことになった。栄沢幸二は「立憲的帝国主義が、第一次世界大戦以後の歴史のなかで破たんした」とし、中村尚美は「浮田の帝国主義論が恰好の侵略的イデオロギーとして国家主義者、軍国主義者に利用されることになった」という評価を下している。

浮田には、理想とする社会があった。それは国を超えた世界平和であった。しかし、日露戦争、日中戦争、第一次世界大戦、第二次世界大戦と、日本が戦争に突き進む時代状況の中で、その彼の思いは一国主義の殻を破ることはできない限界があったとも考えられる。

半宗教家として

浮田の生涯を振り返った時、姜は「キリスト教信仰の念が次第に薄れ、立場が信仰者から宗教者へ、関心の所在がキリスト教の信仰から宗教全体の倫理、道徳的意味へと変わってゆく観があった」と述べている。また、浮田の信仰について次の三点を指摘している。キリスト教入信の動機は信仰ではなく、ジェーンズ個人の人格的感化によるのではないかと思われる点、また儒教との格闘の形跡はみられないこと、最後に前途の選択には信仰が優先されなかった点である。確かに同志社における布教活動をみても積極的ではなく、卒業後いったん教会の会頭になるものの信仰を持てずに教会を去る等、キリスト教とは一線を画している。また、その後のアメリカ留学時における体験や、アメリカン・ボード、外国宣教師との対立などを経て、同志社を辞職する頃にはキリスト教からは遠ざかる一方だった。それは、ユニテリアンへの傾斜とも重なる。その後、一九一二(明治四五)年には三教会同に賛同し、帰一協会にも趣意書起草委員として参加している。

　もともと同志社に学んでいる時から、彼は科学と宗教の板挟みに苦悩していていた。また宗教を学問の一要素と位置付ける見方もしていた。後に同志社を辞職する頃には、一つの宗門の束縛から解放され、宗教道徳全体を批評する立場に立っていた。姜は、「時によって、儒教、仏教への親疎感の変化も現れてきたりするが、等しくこの道徳的需要からきたものと思われる」と述べ、宗教から道徳的要素のみを汲み取ったという見方をしている。浮田は後年、「有体(ありてい)にいえば、私は正当の意味に於いて基督者(クリスチャン)ではないと告白しなければならぬ」と述べている。彼が信じるのは「人間の中に生死したナザレのイエスの歴史性」であった。さらに、「元来僕はヤソ教が厭(きら)いだ」、「いつからか教会へ行っていない」とも言っていた。しかし、遺稿の中で自らの「埋葬若しくは告別式」を「耶蘇式にする積りである」と記し、実際、彼の葬儀は、小崎弘道の長男道雄の司式により霊南坂教会で執行された。彼は、キリスト教の教義・教派のほとんどに対して否定的、批判的だったが、徳富蘇峰のように信仰を放棄することはなかった。「反」でも「非」でもなく「半宗教家」と自ら名乗ったことは、どのように考えればよいのだろうか。

浮田には理想の社会像があったが、それは信仰によって実現できるものではないと考えていたのではないか。聖職者は信仰を広めることにより理想の社会を実現しようとする。彼は、キリスト教はもとより、儒教、仏教、そしてそれらを超える三教会同にも関心を示し、理想社会の実現のために宗教の力を信じようとした。しかし、彼の考える理想の社会は宗教（信仰の力）によって実現できるものではなかった。一方で、道徳の面においては宗教の力が必要であると考えていた。彼の根底にはジェーンズに学んだ「愛神愛人」のキリスト教が息づいていた。時に応じ持ち出した儒教や仏教はあくまでも副であり、彼の中ではキリスト教が主であった。だからこそ「半宗教家」と自ら称していたと思われる。

また、前述のように、浮田は新島を「熱烈なる宗教家」と評し、対比する形で自分を「半宗教家」としたのではないか。そして浮田は、理想の社会の実現のためには教育の力が必要であると考えていた。

浮田の教育論

彼は、一八九一（明治二四）年に著した「教育の目的」（『同志社文学会雑誌』）で教育を二種類に分けている。一つ目は普通教育で、目的は「人間の品格を養成するにあり」「国民の品格を養成するにあり」、二つ目は専門教育で、目的は「専門の学術を修め以て生業に従事せしむるにあり」としている。人生の目的は「人民として生業に従事して国家の光栄を期し人間としては道徳上の品格ありて万物の霊たるに恥ざるの価値を有するにあり」と述べ、英雄豪傑の養成ではなく、各人の資性を見極めた教育が重要と主張している。

一八九七(明治三〇)年になると「国民教育の理想」を発表する。「軍備拡張、実業奨励、教育完備この三つは新興国の経営上大事で、前者二つは天下すでに公論あり」、そこで教育機関の刷新が必要となり、「特に教育は国本を培養するの要道なり其理想の正不正は国家百年の休戚に関す今に於て国民教育の理想を明確にし教育機関をして一定の理想に向かって運輸せしむるはさらに要務中の最要務」と述べ、教育の理想を二点に分けている。一点目は「国家主義の理想」、二点目は「個人主義の理想」で、国家主義教育の理想は個人の私利私益よりも公利公益を重んじるが、個人主義教育の理想は「個人をして自己の品格を保ち、決して他の方便、器械たらざらしめん」ことであると述べている。その上で、将来の理想は、国家主義・個人主義それぞれの弊を取り除いて、これを調和することだと主張する。そして日露戦争後になると、国民の道徳、品格教育の必要性を痛感するに至り、教育方法も、強制主義、暗記主義、詰め込み式などを否定し、個人の人格形成を基本とした自由主義的、啓発主義的方法を唱えた。海老名らを中心とした「国民作新会」「社会教育会」などの活動にかかわり講演を行い、中でも社会教育の重要性を強調して健全な社会的理想の発達を期するようになる。一九〇八(明治四一)年になると、将来の倫理教育の理想について述べる際、武士道や教育勅語を「祖先教」「伝統教」と批判し、立憲道徳・事業道徳・科学的道徳の樹立および「世界人類に対する博愛的道徳」の養成に言及している。日本の伝統道徳による外来思想の拒絶ではなく、外来の思想、道徳、文化をいかに日本の伝統と調和させるかが課題であると考えていた。彼が最終的に目指したのは世界平和であり、その理想社会の実現のためには博愛的道徳養成の教育が不可欠であると考え、彼は教育に情熱を注いだ。

全教育家として

浮田は後年、教員を選んだ理由を、「実際教員以外に能がないと自覚したから」（『同志社時報』第二三四号、一九二五年）と述べている。では、教え子たちは浮田をどのようにみていたのだろうか。同雑誌には「注入主義でなく、開発主義にて、学生に、自学自修、常に研究努力の習慣を植え付けた」、「堅い信念を語る態度は学生に深い感銘を与え、極めて謙虚で、飾り気も衒気（げんき）もない人格は、学生から敬慕された」とある。吉野作造は、「其頃早稲田大学の浮田和民先生は毎号の『太陽』の巻頭に自由主義に立脚する長文の政論を寄せて天下の読書生の渇仰の中心になって居た。私も之には随分と惹（ひ）き付けられた」（「民本主義鼓舞時代の回顧」『社会科学』一九二八年）と回想している。教育者として熱意のある授業を行い、学生たちを惹きつけていた様子がうかがえる。また、大山郁夫は、「早稲田学園における先生のお講義はほんとうに講義らしい講義で名講義であった」、「言々火をはくの概があつ

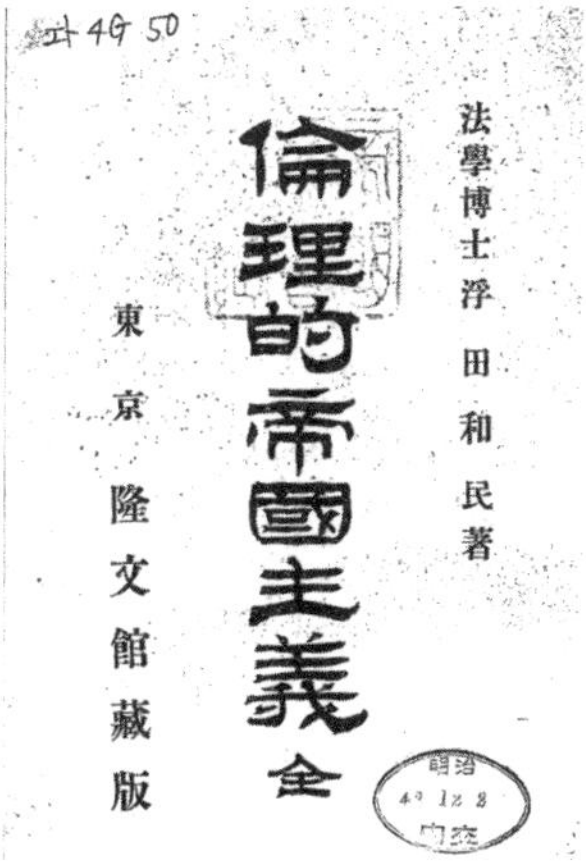
法學博士浮田和民著
倫理的帝國主義 全
東京隆文館藏版

『倫理的帝国主義』
（出典）国立国会図書館デジタルコレクション 先頭ページ〈http://dl.ndl.go.jp/info:ndljp/pid/758632/1〉

て学生に深い感銘をあたえられた。今日から見ればその方法論の点に異論がないわけではないが、そしてこのことは先生もご存命ならばおそらく自ら認められることと思うが、それはそれとして、先生は常に真理を愛し科学的たろうと努力して居られた」（「先生の追憶」『浮田和民先生追懐録』故浮田和民先生追懐録編纂委員会、一九四八年）と述べている。浮田が、理想の社会の実現のため、まさに全身全霊で教育にあたった姿が垣間見える。新島が「感情に訴える教育家」であったのと同様、浮田は「情熱的な全教育家」であった。

世界を巻き込んだ第二次世界大戦以後、東西の冷戦の終結、ベルリンの壁の崩壊等を経て、世界はグローバリゼーションに象徴される開放性をうたい、世界平和が目指された。一方で、近年は自国主義が世界的に広がりをみせつつある。このような世界情勢を見るとき、八〇年余前に世界平和を切に願い国民道徳・世界道徳を強く訴えながら、一国主義の殻を破れなかった浮田の思想に学ぶべきことは多いはずである。

参考文献

姜克實『浮田和民の思想史的研究』不二出版、二〇〇三年

武田清子「浮田和民の〝倫理的帝国主義〟」早稲田大学社会科学研究所編『近代日本と早稲田の思想群像』Ⅱ、早稲田大学出版部、一九八三年。

栄田卓弘『浮田和民物語』日本評論社、二〇一五年

瀬谷総一郎『熊本洋学校とジェーンズ』熊本キリスト教書店、一九九一年
上野直蔵『同志社百年史─通史編』同志社、一九七九年

コラム2
熊本洋学校におけるジェーンズ

榎本 恵理

リロイ・ランシング・ジェーンズ（Leroy Lansing Janes 一八三八―一九〇九）は一八三八年アメリカオハイオ州に生まれた。父は奴隷解放に熱心な陸軍少佐であり、プレスビテリアン教会の一長老で、母は裕福で社会的に由緒がある家庭の娘だった。一八五六年、州選抜の士官候補生となり、陸軍士官学校に入学して五年勉学する。その後南北戦争に少尉として北軍側で参戦した。奴隷解放時には大尉となったが、南北戦争後、平和の世に軍人は無用として軍人生活に見切りをつけ、メリーランドに隠退して農業に従事した。

結婚を経て、ジェーンズは熊本洋学校の教師として、熊本へ家族を連れて赴任した。一八七一（明治四）年八月二三日、熊本県とジェーンズとの間に契約書が交わされ、任期は三か年でスタートした。試験を行い、五〇〇人ほどの志願者の中から四六名の者が入学を許可され、九月一日に開校式が行われた。浮田和民もその中に名を連ねた。生徒の学則は、国学・漢学の事項挿入を条件としてジェーンズに一任された。洋学校とはいえ、漢学を除外する教育は横井小楠の遺志を受け継ぐ当時の実学党の人々には想像できなかったので、竹崎律次郎が漢籍教授を担当し、小楠の精神を伝えようと努力した。

熊本洋学校におけるジェーンズの教育の特色は以下のようであった。

開講当初は通訳もいたが、ジェーンズは早々に通訳を介しての授業をやめ、英語で直接生徒とやりとりをした。初めは戸惑った生徒たちも徐々に英語に慣れ、英語力を伸ばしていった。さらに、読本・数学・地理学・歴史・物理学・科学・地質学・天文学などの科目を設け、修学年限を四か年に改め、全科を彼一人で受け持った。日々の授業は、毎朝八時（冬季は九時）から午後四時までで、毎日試験があり、学修の優劣によって席次を毎日変更するという厳しいものだった。ジェーンズが理想としたのは、第一に、彼が経験した規則正しく厳格な陸軍士官学校の方式であり、第二に、智情意三性の全面発展を目指す人格教育で、科学を称揚した。彼はイギリスの中学制度を研究しており、ラグビー中学校のトマス・アーノルド校長の教育法に影響を受けていた。

ジェーンズは当初、キリスト教についてほとんど口を開くことはなかった。契約時における藩との約束でもあったが、彼は宣教師ではなく（元大尉）、キリスト教は信じるが、聖書には懐疑的立場をとる反教会、反宣教師的精神の持ち主だった。彼は、英学・自然科学の教育、教育面と人格面での感化に力を注いだ。

一八七六（明治九）年一月三〇日に「奉教趣意書」を朗読していわゆる花岡山の盟約に参加したのは、小崎・海老名・金森・宮川・横井・浮田ら三五人であった。さらに小崎らは同年（七月と思われる）にジェーンズから受洗している。彼らの受洗について、小崎や海老名の回顧によると、生徒たちは同年の六月に長崎から来たマウンドレル牧師の受洗を拒否し、非聖職者によるジェーンズから洗礼を受けた。本来、聖職者ではないジェーンズに受洗の資格はない。しかし、彼らは牧師からの受洗を拒否する形で、ジェーンズによる受洗を願った。ジェーンズはいわば異端的なキリスト教徒で、強く宗派主義に反対し、教義・教典にとらわれていなかった。こうしたジェーンズの影響は、浮田をはじめとする熊本バンドの人たちのその後の信仰にも及んでいく。

第6章　元良勇次郎――日本初の心理学者

宮坂　朋幸

元良勇次郎（もとら・ゆうじろう　一八五八―一九一二）は、一八七五（明治八）年一一月二九日に設立された同志社英学校の最初の入学生であり、のちに「日本心理学の父」「日本最初の職業的心理学者」と称された（佐藤達哉『日本における心理学の受容と展開』。以下佐藤の引用はすべて本書）。一八五八（安政五）年、摂津国三田藩（現兵庫県三田市）の儒学者杉田泰の次男として誕生した元良（一八八一〈明治一四〉年の結婚を機に元良に改姓。本章では改姓前も含めて元良と表記する）は、幼少期から藩校や私塾で儒学とともに洋学を学び、同志社英学校に約二年半在学した後、一八八三（明治一六年）に渡米し、一八八八（明治二一）年、ジョンズ・ホプキンズ大学からPh.Dを授与された。帰国後、帝国大学文科大学（現東京大学文学部）講師とし

元良勇次郎肖像
（出典）『元良勇次郎著作集』第1巻，クレス出版，2013年，扉

て「精神物理学」を講じ、一八九三（明治二六）年から心理学・倫理学・論理学第一講座の担当教授になった。以後、帝国大学教授として、専門の心理学研究を進めるだけでなく、「明治第二世代として第一級の学者・知識人」（大泉溥「凡例」『著作集』一）として、さまざまな社会問題に対して独自の意見を表明し続け、一九一二（大正元）年に現職のまま逝去するまで、学問・言論の世界で活躍した。

1　思想形成

同志社時代

元良は一八五八（安政五）年一一月一日、摂津国三田藩藩校造士館の学校掛であった儒学者杉田泰の次男として誕生した。七歳から造士館に入り、その後、元蕃書調所教授川本幸民の英蘭塾にも入門するなど、幼少期から洋学に強い関心を寄せていた。造士館では蘭学とともに英学も学ぶことができたが、とりわけ、西欧科学の知識を持った人物として知られた川本の自然科学的思考方法は、少なからず元良に影響を与えたと考えられる（森川多聞「元良勇次郎の思想形成期」）。その後、「兵庫」（神戸）に学問修業に出るが、その間、一八七二年に父が病没する。神戸でアメリカ人宣教師J・D・デイヴィス（Jerome Dean Davis）の説教に触れた元良は、一八七四（明治七）年一月からデイヴィス宅にボーイとして住み込むこととなった。英語と聖書を学んだ元良は、同年五月、摂津第一公会（現日本キリスト教団神戸教会）で受洗した。元良が生まれた三田藩は旧藩主九鬼隆義自らキリスト教に接触するなど、もともと「キリスト教の感化が強い地域」（本井康博『徳富蘇峰の師友たち』）であり、元良の母須賀子は、夫に先立たれた一八七二（明治五）年秋にはデイヴィスから洗礼を受けていた。

一八七五（明治八）年、デイヴィスは、アメリカから宣教師として帰国した新島襄が開設するキリスト教学校（同志社英学校）の設立に協力するために京都に移った。元良もそれに同行し、同志社英学校が開設されると第一期生として入学した。「予科」（「聖書級」：バイブル・クラス）ではなく、普通科の学生ではあったが、「組織神学」や「説教と牧会神学」「天地創造論」など神学関係の科目も受講していた。また、のちに、従来とは異なる新しい「心理学」者となることを考えると、この時点で「生理学」を学んでいることも目を引く。この授業こそが、元良が学問としての心理学に初めて接した機会だったと考えられるからである（荒川歩「元良勇次郎が同志社英学校在学時に受講した科目について」）。生理学の担当者はデイヴィスであり、テキストはアッパム『精神哲学要綱（Elements of Philosophy）』とヘブン『精神哲学（Mental Philosophy）』であった。さらに、進化論者宣教師J・ギューリックから生物学と進化論を学んでいたとも伝えられる。同志社同期の中島力造は、元良の愛読書はスマイルズの『自助論』とカーペンターの『精神生理学』であり、「後者は同君将来の方針を定める上に余程影響があったらしく、その強き意志は前者に負うところが、少なくないようである」（中島力造「同志社の古博士」）と指摘する。

元良と同時期に同志社英学校で学んだ中島、徳富蘇峰、綱島佳吉は、口を揃えて元良を「非常なる勉強家」と評した。朝は三時半か四時には起き出て勉強、他の学生が運動や遠足をする時にも勉学にはげみ、一つの事を考え出したら、とにかく、結論を得なければ止まぬといわれるほどであった。その勉強ぶりは「熊本バンド」のメンバーからも一目置かれていた。一八七六（明治九）年入学の海老名弾正は「創業当時の同志社は不毛の地であった」と回顧し、「規則となく、生徒も学力不統一で何等の素養なき青年の烏合しているのみ」で「学校の体面を具へていない」、「トンダ酷い処」と表現した。海老名によれば、教師は「神学者のみで、所謂科学を教えるという専門家は一人もなく、何れも科学の教師たる資格を具へていない」、「宗教上から見るも信仰を持っている者は極めて少な」く、四十余名の生徒は「何れも驚く可き無知無力の徒」であった。そんな中で、入学年としては「先輩」にあたる元良は「私共からは常に敬愛されてゐた少年」であった。「元良君は（ガノーの—引用者注）物理学を読んで、むつかしい問題を出して質問するので、新島先生も困られたという事である」というのは、中島の回顧である。

元良は同志社英学校に約二年半在学した。卒業後は、新島やデイヴィスの思いとは異なり、宣教師（伝道師）ではなく医学校の設立を目指して、大阪府立病院の事務員となった。

キリスト教と科学主義

一八七九（明治一二）年春、元良は上京し、津田仙が開設した学農社の教師となった。中島力造の後任として声がかかったのである。学農社では、日曜日の聖書講義を小崎弘道とともに担当していた。小崎は同志社英学校第一期卒業生であり、同年秋に上京した後、元良が住んでいた上野栄三郎の下宿に同居することになった。同志社人脈の中で東京生活を送っていた元良は、この頃、徳富蘇峰に送った英文書簡で以下のように述べた。

… my thoughts which I have since I came here last ■■■g; my object for studing [sci] to during whole my life, was not change at all, but the means by which I am tring [sci] to accomplish my object namely to search Gods work, in the other words, to find the truth, was little change. … I have tried to know how I could be accomp[lished] my object and find, at least I believe, that mathe[mat]ics is the foundation of almost all sciences and natu[ral] phirosophy [sic] is the first step of knowledge; So I have deter[m]ind to sacrifice whole my life to the study of those Sciences …

（徳富蘇峰記念館所蔵）

伊藤彌彦はこの書簡について「ゴッドやワールドを語る文言が残り、自己の野望のためではなく、「精神的、知性的世界」のための仕事をすべきことを堂々と語っている」ところに「同志社教育、とくに新島襄の影響」を認め、後の書簡（一八八二〈明治一五〉年）でも「思慮之向フ所ハ真理ヲ求ムルノ一点」と書くなど、「一般の書生とは一味ちがう価値観が養生されていた」とも述べる（伊藤彌彦「新資料　徳富蘇峰・元良勇次郎往復書簡類」、徳富蘇峰記念館所蔵）。一八八〇（明治一三）年五月には小崎とともに東京青年会（ＹＭＣＡ）を発足させ、一八八二（明治一五）年には津田らと東京英学校（現青山学院）の設立に携わるなど、この時期の元良は確かにキリスト教とともにあった。佐藤達哉は「（この時期の元良の）思想や行動に一貫性を与えていたのはキリスト教である」と述べる。

しかし、伊藤が「元良がキリスト教になじめなかった一因は、多分にその理系の科学主義的思考のためではないかと思われる」と指摘するように、元良の関心は科学にあり、上記英文書簡で、「真理の探求」という自らの目的は変わらないが、そのための方法が少し変わったとして、「数学がほとんどすべての科学の基礎であり、自然哲学は知識の第一歩であると確信したので、人生のすべてをこのような科学を学ぶために捧げると決意した」と述べていることはより重要であろう。一八八一（明治一四）年には、キリスト教系総合雑誌『六合雑誌』に「「バクテリヤ」黴菌ノ一種ノ説」（第四号）、「動物喫食の説」（第五号）といった科学論稿の翻訳を寄稿している。『六合雑誌』は仮局青年会雑誌局が発行し、小崎弘道が幹事兼編輯を担当した「日本における最初の週刊キリスト教ジャーナリズム」（同志社大学人文学研究所編『『六合雑誌』の研究』）であり、その特徴として、キリスト教と「科学、特に進化論との対決、および、理性、あるいは、合理性と信仰との関係」を取り上げていることが挙げられる（武田清子「『六合雑誌』」）。「世の知識人、青年書生に向けられた宗教、知識の『指南書』」（前掲『『六合雑誌』の研究』）として生まれた『六合雑誌』が、二〇歳代前半の元良に与えた影響は少なくなかっただろう。

『教育新論』

元良は、一八八二（明治一五）年四月一一日付の徳富蘇峰宛書簡でも、「（英学校で日々教えてはいるが）思慮之向フ所ハ真理ヲ求ムルノ一点」と述べている（前掲「新資料　徳富蘇峰・元良勇次郎往復書簡類」）。そして、「之ヲナスニハ哲学、数理、物理ヲ土台トシ確乎タルノ新学法ヲ企テント存居候」として、自ら「整合哲学（Philosophy of Consistency）」と名付けた新法を検討中であることを報告している。デカート、

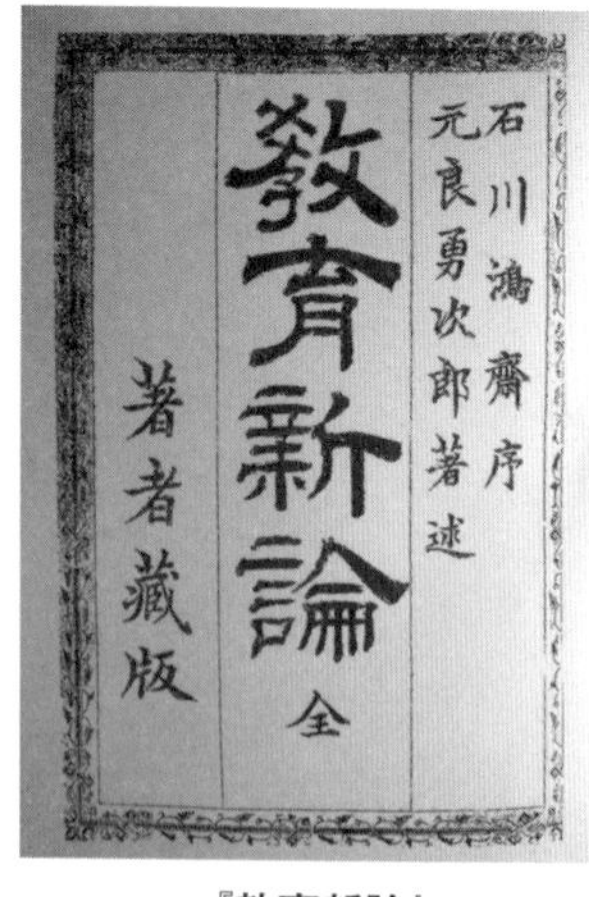

『教育新論』
（出典）『元良勇次郎著作集』第1巻，クレス出版，2013年，目次の後の中扉

ベルケリー、ロック、ヒューム、カント、ヘゲルは、この「整合哲学」の「予備」をなすものであり、「整合哲学」はそれらと異なり「解シ易(やす)キノ原理」であるので「終(つい)ニハ小学校或(あるい)ハ中学校ノ生徒ノ課業書ニ致シ度(たし)ト存居候」と述べている。佐藤達哉は「心について考える際に物（勇次郎の言うところの器械）を使って実体験させるという手法を用いる」という考え方が、「ヴントの心理学のデモンストレーションに類似しているし、そうであるならば、この時期の勇次郎が何らかの形で実験心理学の考え方を知っていた可能性もある」、「彼の心理学理論の最終的到達点の一つとも言える「主我系統と主自然系統」という考え方にも近い」、「何より、この時点での勇次郎が心に関して興味を持っていたことは重要な点だろう」と、その意義を指摘する。自ら案出した「新法」のわかりやすさを誇り、教育実践を想定しているところに、その特徴を認めることができる。

元良の論文等の件数を分析した佐藤達哉は、その件数のピークが四つあることを指摘し、一つ目を一八八三（明治一六）年とした。この時期の論稿のテーマは教育である。元良は、これらをもとにして自身初の著書『教育新論』を出版した。

『教育新論』は一八八四（明治一七）年四月出版ではあるが、序の日付は「明治一六年七月」、奥付では

「明治一六年七月七日版権免許」とされている。元良は一八八三（明治一六）年六月二五日付で発行された旅券を携えて米国に留学する（佐藤前掲書）が、本書は渡米以前にまとめられたものであると考えられる。「本邦人の手になる最初の教育学とも言うべき」著作（吉田熊次「教育学解題」）とされる伊沢修二『教育学』（一八八二年一〇月上巻、一八八三年四月下巻）に大きく遅れることなく刊行されていることは注目されてよいが、これまでの教育史研究ではほとんど取り上げられていない。それは、「世間にはあまり売り出されずに積んであったが、留学後には考えも進みついにしばらくして絶版ということにした」（内島貞雄「元良勇次郎による日本における心理学の確立」）ことも一因であろう。

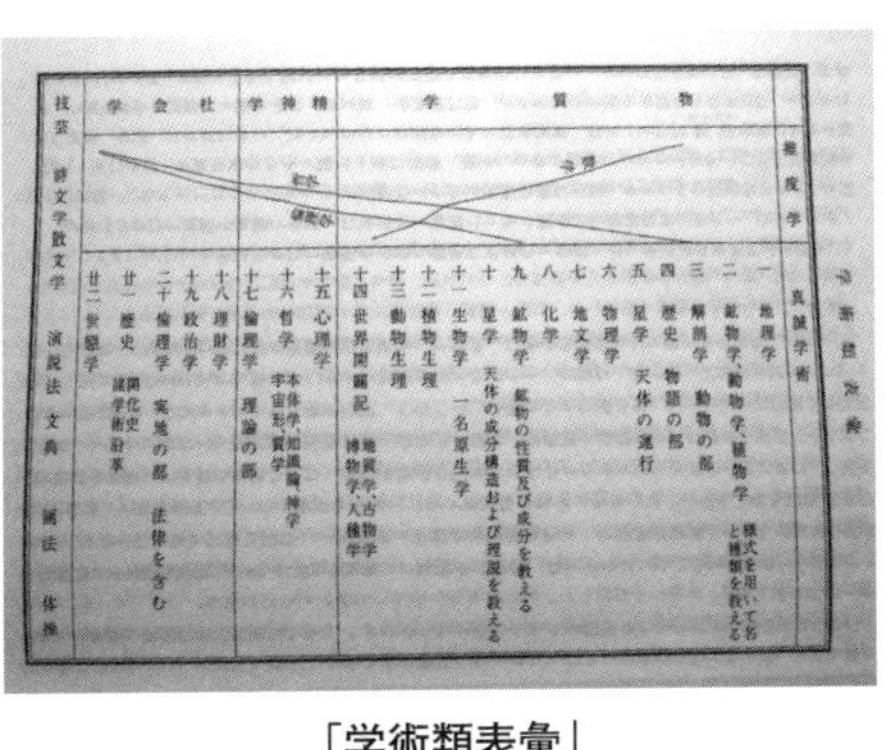

「学術類表彙」

（出典）『元良勇次郎著作集』第1巻，クレス出版，2013年，49頁

本書は「普通教育を論ず」「普通学と専門学の関係」「教育の目的を論ず」の三章から成る。第一章では、万物の性質中には必ず異同があり、同一と差別の二性を具有しないものはなく、人間社会でもこの二性は、社会を組み立てる一大本源であると述べたうえで、「一般普通ノ同性ヲ引出ス」のが普通教育で、「異性ヲ引出ス」のが専門教育であるとした。続いて「教育三則」を示し、人心の能力才量の発達する順序に従って教育すべきこと、人心能力才量の活動反応の法則に従って教育すべきこと、生徒の自力に任せてなるべく勉強させること

を主張した。第二章では、「学術」を事実学・推度学・真誠学術の三種に分け、学ぶべき学問の順序を「学術類表彙（がくじゅつるいひょうい）」として図示した。またどんな学術を修める場合でも、哲学・論理・数学の三科と諸技芸を学ぶべきこと、この表に著した順序で学習すべきであることを強調した。第三章では、教育の目的は人類の二元性である自立性と社会性を発達させることだと述べる。自立性を養成するのが普通学の目的であり、社会性から生じる分業の法を行うために専門学を盛んにすべきである。そして両学科において、さらに高等の学科に進むために研究すべきであると述べる。本井はこのような内容について、「明らかにリベラル・アーツ教育論の先駆」であり、「元良が同志社で新島襄やデイヴィスなどの指導を受けたことが色濃く反映されている」と指摘している（本井前掲書）。

2 日本初の職業的心理学者

アメリカ留学と博士号の取得

前に紹介した一八八二（明治一五）年の徳富蘇峰宛書簡には、「欧州の大家」に学びたいという元良の強い留学意欲が見られた。元良は、一八八三（明治一六）年六月から、勤務先である東京英学校の系列校であったボストン大学に留学することになった。佐藤達哉は、東京英学校はボストン大学の出先機関のような関係にあったと推測している。ボストン大学では、バウン（Bowne. B. P.）の指導のもと、「特別学生」（聴講生）として足かけ三年哲学を学んだが、一八八五（明治一八）年にはジョンズ・ホプキンズ大学に転学した。転学の理由を中島力造は、バウン教授との意見の不一致の多さと同大学の「自由思想を喜ばなかった」ところに、元良が宗教上の不快を感じたであろうことを推測している（前掲「同志社の古博士」）。元良は留学二年目からジョンズ・ホプキンズ大学への転学を模索していた。自ら先方に書簡を何通も送り、学部生としての在籍ではなく、「精神物理学」に関するオリジナルな仕事をすることが目的なので、実験室の使用と二、三の講義に出席できれば良いという望みを訴え、フルタイムの学費は払えないからと、経済上の特典も求めていた（佐藤前掲書）。結果、聴講生という身分ではなく、博士号取得課程へ入学する大学院生になることになった。ジョンズ・ホプキズ大学入学の背景には、新島が同大学学長と懇意であったことも考えられる（荒川前掲論文）

ジョンズ・ホプキンズ大学では、ホール（Hall. G. S.）の指導下で心理学を学んだ。ホールは、アメリカで最初の心理学に関する博士号（Ph.D）を取得し、「実験心理学の父」といわれるヴント（W. Wundt）に師事して最先端の心理学を学んだ、新進気鋭の学者であった。元良は「数学」「心理学と教育学」「歴史・政治科学」「ドイツ語」「弁論術」という五つの分野の科目を登録していた。留学期間中、一貫して登録し続けたのは「哲学史」「心理学（または生理学的心理学）」「教育学」であり、いずれも担当者はホールであった（佐藤前掲書）。本井は、在学中の登録科目にキリスト教関係の科目が見られないことから、「見事なまでの神学から心理学への切り換えである」と指摘する（本井前掲書）。心理学を中心に学んでいたことは明らかであるが、すべてのタームで歴史関連の講義または演習科目を登録していることも目を引く。佐藤達哉は「歴史と政治セミナー」や「独語歴史講読」などの科目登録の理由として、太田（新渡戸）稲造等、元良に先行して入学していた日本人留学生からの情報があったことを推測しているが、『教育新論』に見られた歴史から学ぶ視点が引き継がれているとみれば特に違和感はない。元良にとって「歴史」は学問の基礎として必要不可欠なものであったと考えられる。

多岐にわたる科目を履修した元良は、二年目（一八八六〈明治一九〉年一〇月）にはフェローに選ばれ、学費免除のうえ、年間五〇〇ドルの奨学金を受けることができた。また、ホールの指導のもとで独自の研究を行い、一八八七（明治二〇）年にはホールとの連名で「圧の漸次変化に対する皮膚の感受性（Dermal Sensitiveness to Gradual Pressure Change）」をまとめた。この研究の意義とオリジナリティは、のちにホールが「この問題を取り扱う人びとよりは常に尊敬を以て言及され」るものであり、元良の「方法上の工夫に富めると共に操作の著しく巧妙なることを示す」ものであると述べたことに表れている（佐藤前掲書）。

一八八八年（明治二一）七月、元良は論文「社会的生活の原理としての交換（Exchange: considered as the Principles of Social Life）」で博士号（PhD）を取得した。精神物理学（心理学）がメインテーマではなく、社会学生理学、生物学、物理学・力学、化学、哲学、経済学、心理学という広い領域にわたる考察がなされた論考であった。なぜ心理学をメインテーマとしなかったのか、ということについては、当時の友人たちからも奇異に思われていた。佐藤達哉は、帰国直後に元良が「政治、法律、経済、歴史、宗教其他總テ社会ニ関スル学識ヲ得ントスルニハ必ス先ツ心理学ノ原理ヲ知ラズシテ何ゾ能ク其目的ヲ達スルヲ得ンヤ」（元良「心理学と社会学の関係」『哲学会雑誌』二四、一八八九年）と述べていることから、ジョンズ・ホプキンズ大学で社会科学全般に興味を持ったことによって、かえって心理学の考え方の重要性を再認識したと推測する。そうだとするならば、元良の心理学は、この大学で学んださまざまな知識の上に成り立つものであったことも再確認しておかなければならないだろう。

帝国大学文科大学教授となる

一八八八(明治二一)年七月に帰国した元良は、東京英和学校の教職に復帰して校主(校長)となり、哲学、心理学、社会学などを教えた。『基督教新聞』(一八八九年一月二三日)では、「元良氏、よく生徒を愛視せるが如く、生徒も又、氏を尊敬せり」と報じられた(本井前掲書)。帰国二か月後の一八八八(明治二一)年九月には外山正一(文科大学長)から帝国大学に呼ばれ、文科大学講師として「精神物理学」を講じた。心理学はすでに外山正一やブッセが担当していたので、それとは異なる内容が期待されたといえる。『哲学会雑誌』(第二冊第二一号、一八八八年)では「今般我文科大学にてハ哲学科中に随意科として心物理学(サイコフィジックス)の一科を置かれ」と紹介され、「抑(そもそ)も爰(ここ)に心物理学と称するは独逸(ドイツ)のヴェーベル、フェヒネル、ヴント等の研究により漸く世人の注意を喚起し来れる学問にて未た至て幼稚の有様にありと雖(いえど)も而(しか)かも頗(すこぶ)る将来に望あるものと謂(い)ふべきなり或る著名の学者は思へらく向後学術上の一大発明は恐らくは此学科を攷究(こうきゅう)する者の手に成るならんと今般文科大学に此科を置かるゝも亦大(またおおい)に見る所ありてのことと云ふべき歟(か)」と報じられている。受け入れた学生の中には、同志社から帝大に進学した大西祝がいた。

一八八九(明治二二)年二月、東京英和学校で元良が企画した講演で、講演者の箕作佳吉が「生物学者で『旧約聖書』や「天地創造」を信ずる者はいない」と述べたことをきっかけに、宣教師から糾弾され、結局元良は辞任した。一方で、同年九月、外山正一・神田乃武とともに新しいキリスト教学校である正則予備校を設立し、初代校長に就任した。「当時の官立上級学校への入試のための知識の伝授のみをすべてとする、予備校化した中等教育を「変則」な教育と強く批判して、近代日本を背負って立つ青年たちのために、もっと人間としてひろがりのある「正則」な教育をしなければならない」(「正則の歴史・伝統」正則高等学校ホームページ)という問題意識が背景にあった。また、本井は「東京で同志社の分校を立ち上げるのが、かねてからの夢であった」として、東京英和学校や正則予備校が「その代替案」だったのではないかと推測している(本井前掲書)。元良の同志社に対する思いははかりかねるが、同時期には、同志社への教員としての復帰を要請され断っている。これは校長新島襄直々の要請であったとみられる。元良は「小生将来之業務ニ付、先生折角之御懇切なる御勧諭、難有感佩之至ニ存候。然処、小生、此地ニ居候て致度と思事、少々有之、御地とハ余リ隔離致候居候間、可成ハ東京ニ留度と存候」(『新島襄全集』九巻下)と返信した。

帝大での「精神物理学」担当講師は一八九〇(明治二三)年九月以降も委嘱され、三年目を迎えた同年一〇月、元良は帝国大学文科大学教授に任命された。一九九三(明治二六)年から講座制が導入されると、「心理学・倫理学・論理学」第一講座の担当教授となった。ここに、心理学の研究と教育に専心する基盤が制度的に整えられたことによって、元良は「日本最初の職業的心理学者」となった(佐藤前掲書）。ちなみに第二講座（倫理学）は中島力造が担当教授となり、開設された二つの講座を共に同志社出身者が担当することになった。

3　明治第二世代第一級の知識人

活発な言論活動

元良は一八八八（明治二一）年の帰国直後から多くの論稿の発表を開始した。元良の論稿数の二つ目のピークは帰国翌年の一八八九（明治二二）年であり、「精神物理学」の紹介を含めた哲学・論理学・倫理学や社会学・経済学等の様々な新知識を次々報告していた。

最初の論稿「米国心理学ノ近況」は『六合雑誌』に投稿された（『六合雑誌』八〈九三号〉、一八八八年九月一五日）。自ら、心理学は科学か哲学かという問いを発し、「心理学は科学哲学相混」じっているものとしたうえで、ボストン大学のバウンを「内省独断派」と批判し、ホールを「学術心理或いは経験心理学家」として好意的に評価した。また、この論稿は日本にプラグマティズムやデューイ（J. Dewey）を初めて紹介したことでも注目される。デューイは、一八八二年から八四年までジョンズ・ホプキンズ大学に在学し、ホールのもとで心理学を学んでいた（佐藤前掲書）。元良と在学期間は重ならないが、「後輩」である元良は、デューイの知見を学ぶ機会に恵まれていたと推察される。その後、『女学雑誌』に連載された「米国の女子」（一三六、一三七号〈一八八八年一一月〉、一三八号〈同年一二月〉）、翌年「米国普通教育ノ景況」(『下野私立教育会雑誌』五五、一八八九年七月)など、アメリカの情報を紹介する論稿が続く。ただし、「彼の基本的立場はいずれも米国社会を模範としてそれに追従するようなものではなかった」(大泉溥「凡例」『著作集』一)。「精神物理学」の連載(『哲学会雑誌』三巻二六号(一八八九年四月)から第五巻五〇号(一八九一年四月まで断続的に計一二回)など、心理学に関する論稿が多いのは当然であるが、それ以外となると、アメリカでの経験から日本および日本人を逆照射してその在り方を論じるものが目に付く。「日本歴史を学ぶの要を論ず」(『六合雑誌』八巻九六号、一八八八年一二月)、「社会改良論」(『日の丸』一巻三、四、一八八九年)、「愛国ノ心理」(『日本大家論集』二七、一八八九年八月)、「日本将来ノ教育」(『上毛之教育』八、九、一八八九年八月、九月)、「国家ト教育トノ関係」(『下野私立教育会雑誌』五五・五六、一八八九年七月・八月)、「日本歴史を学ぶの必要」(『日本之少年』一巻一八号・二一号、一八八九年一一月・一二月)といった論稿である。元良は、留学経験によって単純に「アメリカ」に染まるのではなく、むしろ、日本人であることを強く意識し、その自覚を高めて帰国したとみられる。そのためか、同時代の社会問題に関する議論にも参加し、さまざまな人と論争を行っている。

たとえば『女学雑誌』(二八七号、一八九一年)では、大日本婦人教育会で法学博士・和田垣謙三が述べた男尊女卑の説に反対し、「男女関係に就(つい)ては尊卑権利等の語を全く廃し同愛同上相助等の語を」用いることを希望するという論説を発表した。一八九二(明治二五)年、大日本教育会が「醇風美俗(じゅんぷう)」の立場から民法典論争に深い関心を示したことから、元良も法典の改正を支持する側として意見を述べた。ただしこれは会の大勢の意見とは異なるものであり、大勢に影響を及ぼすことはなかった。また、

「教育と宗教の衝突」論争や、哲学館事件、国語国字問題など、教育に関わる問題にも意見を述べている。

「教育と宗教の衝突」論争

一八九二（明治二五）年一一月、帝国大学文科大学教授井上哲次郎が『教育時論』に発表した談話を契機に「教育と宗教の衝突」論争が始まった。横井時雄や柏木義円など、同志社関係者がキリスト教主義の立場から激しく反論する中、井上の同僚であった元良は翌一八九三（明治二六）年六月、論争が峠を越えた頃に「宗教ト教育ノ関係ニ就テ」を『教育時論』第二九四号に発表した。井上とは交流があり、キリスト教徒の知り合いも少なくないと、自らの立場の中立性を表明したうえで、両者が感情的になって普段心の中に無いことまで痛論してしまっているため、世の中の人に真意をわからなくさせているのではないか、として、まずはこれまでの経緯を整理し、井上に対する疑惑を解くところから議論を始めている。

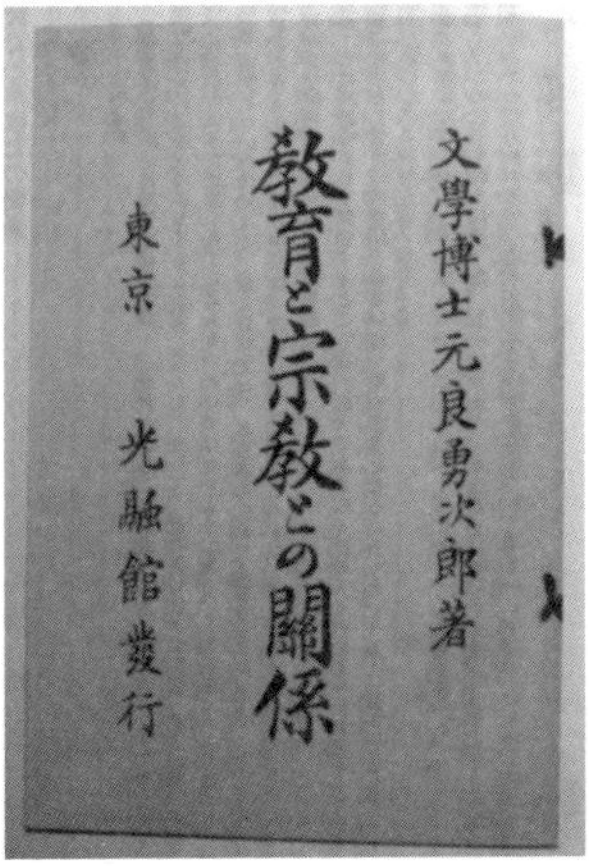

『教育と宗教との関係』
（出典）『元良勇次郎著作集』第5巻，クレス出版，2014年，377頁

最初に指摘するのは衝突の必然性である。さまざまな境遇によって変化する「思想」に対して、変化できない「言語」は、そもそも思想表出法として不完全

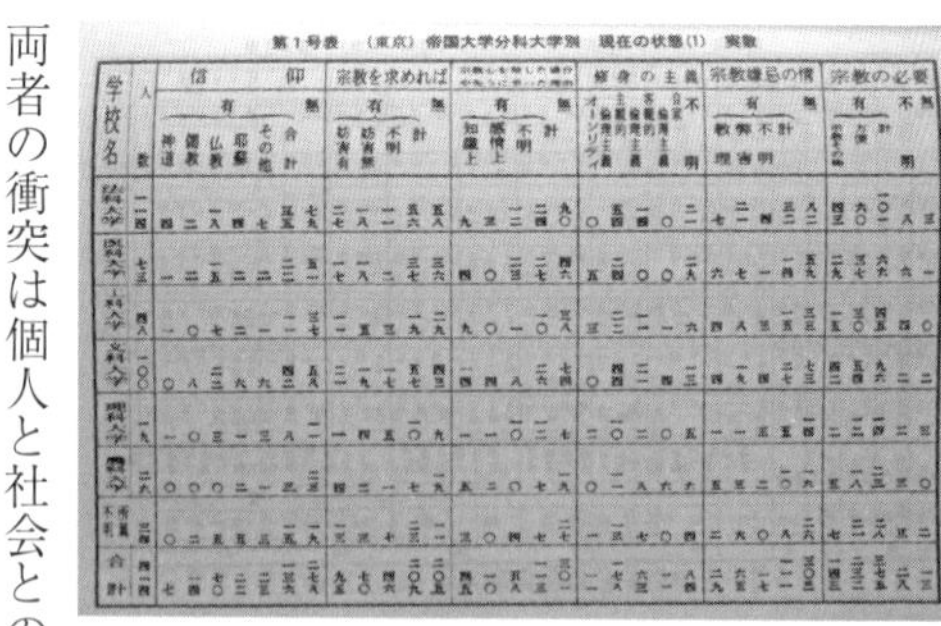

第1号表　（東京）帝国大学分科大学別　現在の状態(1)　実数

学校名	人数	信仰 有 神道	儒教	仏教	耶蘇	その他	合計	信仰 無	宗教を求めれば 有 妨有	妨無	不明	計	無	[illegible] 有 知識上	感情上	不明	計	無	修身の主義 オーソリティ主義	主観的倫理主義	客観的倫理主義	自家倫理主義	不明	宗教嫌忌の情 有 教理	弊害	不明	計	無	宗教の必要 有 宗教その儘	方便	計	不明	無
法科大学	一二四	四	二	一八	四	七	三五	七九	二七	一八	一一	五六	五八	九	三	一二	二四	九〇	〇	五四	一四	〇	二一	七	二一	四	三二	八二	四三	六〇	一〇一	八	三
医科大学	七三	一	二	一五	二	二	二二	五一	一七	一八	二	三七	三六	四	〇	一三	一七	四六	五	二四	〇	〇	二八	六	七	一	一四	五九	二九	三七	六六	六	一
工科大学	四八	一	〇	七	二	一	一一	三七	一一	五	三	一九	二九	九	〇	一	一〇	三八	三	二三	一一	一	六	四	八	三	一五	三三	一五	三〇	四五	三	〇
文科大学	一〇〇	〇	八	二三	六	九	四二	五八	二一	一九	一七	五七	四三	二四	四	八	二六	七四	〇	四四	二一	四	三一	四	一九	四	二七	七三	四二	五四	九六	二	二
理科大学	一九	一	〇	三	一	三	八	一一	一	四	五	一〇	九	一	一	一〇	一二	七	二	一〇	二	〇	五	一	一	三	五	一四	二	一二	一四	二	三
農科大学	三八	〇	〇	〇	二	一	三	三五	四	二	一	七	一九	五	二	〇	七	一九	〇	一一	八	九	九	五	三	二	一〇	二八	三	一八	二三	三	〇
所属不明	三四	〇	二	五	五	三	一五	一九	一三	三	七	二三	一一	三	〇	四	七	二七	一	一三	七	〇	四	二	九	〇	八	二六	七	二一	二八	三	二
合計	四二四	七	一四	七〇	二三	二三	一三六	二七八	九五	七〇	四六	二〇九	二〇五	四五	一〇	三八	一二三	三〇一	一一	一七八	六三	一一	八四	二九	六五	一七	一一一	三〇二	一四三	二三二	三七五	二八	一三

「学生の宗教心に関する調査の結果」
（出典）『元良勇次郎著作集』第5巻，クレス出版，2014年，69頁

である。一九〇〇年前のキリスト教徒が当時の人に教えた言語をそのまま訳して今日の日本人を教えようとすれば、衝突なしに済ませられない。また、世界万国の民を等しく神の民とすることを求めるキリスト教と、日本人を日本帝国の良い臣民にすることを目的とする日本の教育は、衝突なしに済ませられないと述べる。続いて「教育と宗教は其根拠を異にせり」、「一は国家の上に立ち、他は宇宙に横はる。其衝突の有無を論ずるハ既に論理に反す」とした『基督(キリスト)教青年』（同年五月二五日）の記事に同意して、「実ニ衝突ノ有無ハ論ズルニ足ラズ」として「基督教ノ精神ト日本教育ノ精神ト矛盾スルコト明カナリ」と述べる。さらに、宗教は個人的なもの、教育は社会的なものであるから、両者の衝突は個人と社会との衝突であり、宗教の本質である個人主義・放任主義に対して、修身教育の主眼は統一主義であるから、「其論理的矛盾必ズ避クベカラズ」と断定する。とはいえ、論理的には矛盾していても、境遇の変化に応じて順化できる「裁智」の作用によって両者を調和させることができるとも述べ、この論争によって「怨情」を発するに至った世間の教育家と宗教家に反省を促す。そして、国民精神が有する「裁智」を養成し、輿論(よろん)の制裁に服従し、日本国の進歩を主眼とすれば、教育と宗教は、その方法は異なるとはいえ、向かうところは一つになるだろう、とまとめた。元良の冷静な

論点整理以後、この論争は次第に自然消滅していった（久木幸男他編『日本教育論争史録』第一巻近代編上）。

教育者として

元良は「教育」ということに非常に関心をもっていた（佐藤前掲書）。最初の著作は『教育新論』であり、その後も多岐にわたる論稿の中で教育にも多々言及している。学農社に職を得て以降、教職の道を歩み、帝大教授となってからも一八九二（明治二五）年八月の大日本教育会夏期講習会の講師、一八九四（明治二七）年からは高等師範学校教授を兼務し、尋常師範学校尋常中学校高等女学校教員検定（「文検」）委員となり、一八九六（明治二九）年一一月の帝国教育会講義会講師も務めるなど、実践面でも教育とのかかわりが深い。

元良は、「社会は人々の集合から成り、人は社会の本である」ため「教育は社会改良の根本となる」と述べていた（「社会改良論」『日の丸』第一巻三号、一八八九年）。教育者がその実を挙げるためには、学校教育とともに社会改良を計る必要がある（「教育者ノ務」『私立兵庫教育会雑誌』第二五号、一八九一年）という元良にとって教育者とは、「種々の方面より社会を観察せねばならない」「始終総（すべ）ての方面に注意して居らなければならぬ」者であった（「生存競争と品性陶冶との関係」『教育界』第二巻第四号、一九〇三年）。元良の論稿が多岐にわたるのも教育者という自認からくるものとも思われる。「教育に従事するものは他のものよりは比較的遠き未来の事を洞察するの眼識がなくてはならぬ」（「戦時と教育」『日本之小学教師』第六巻六三号、一九〇四年）とも述べる元良は、その方法として「歴史」を採用する。

まず、それまでの文明史を哲学的潮流（「哲学上より社会のことを論じ、国家のことを論じ、教育宗教皆社会の変遷を統一して行かうという云ふ所の潮流」）と科学的潮流（「自然科学を重んじ、物理学上から社会を観察し其進歩を計る」潮流。「物理的潮流」）の二つによって把握する（前掲「生存競争と品性陶治との関係」）。古代ローマ時代には哲学派、一八～一九世紀には物理学派が盛んであり、「今日の文明と云ふものは素より哲学思想の分子もあるけれども此れが物理学の発達と云ふものと相合して此の驚くべき文明を成したのであります」と述べる。また、このような人類社会における生存競争では、「精神要素」が大いに働いていると指摘する。その精神要素とは「道徳上の思想、例へば正直と云ふ徳性」（品性）であるとして、「経済上の優勝劣敗に於て正直と云ふものは、人を優等の位地に置くもの」であると述べる。道徳を守る理由を「天命」だからとする見方もあるが、「高等なる道徳を有して居る人は、生存競争の上に於て、優等の位地に居ることの出来る」として、優勝劣敗論から「品性の陶冶」の必要性を説明するのである。これは、今日の社会はますます経済上の競争に向かっているので、ますます品性の陶冶をなおざりにできなくなる、という主張につながった。

また、二〇世紀を「科学全盛の時代」と捉える元良は、当時（明治三〇年代）の「修養ブーム」（和崎光太郎「世紀転換期における〈修養〉の変容」）の中で、科学と修養は「啻に矛盾しないのみならず両者相助けて行くべきもの」と論じた（「科学と修養」『丁酉倫理会　倫理講演集』第一八輯、一九〇四年）。さらに人の品性と知識の関係に着目して、知識について「人の品性の上に及ぼす影響」という観点から説明した。元良によれば知識には、「科学的智識」と「哲学的智識」がある。「科学的智識」とは、ある特殊な事柄についての知識であり、人の意思を敏活にし、人の挙動を精巧にする。「哲学的智識」とは、「何んでも事の全部を見ること」であり、人の品性を高尚にし、その人の意思活動を着実にさせる。元良は、今日の日本では両方面とも幼稚なので共に奨励したいと述べたうえで、「すべての人は哲学者にならなければならない」と主張した。知識は「品性の一要素」であり、知識を広く求めることが品性を高尚にさせ、また確実にさせると述べた元良にとって、より重要なのはやはり哲学的知識であった。

このような元良の議論は、「個人の徳性、智力、体力、性格を完全に発達さする」「自覚的人格を作る」という「個人主義」の主張に繋がる（「個人主義と家族主義および国家主義」『日本人』〈第三次〉第四四七号、一九〇六年）。「例へば小学校から始めて大学に至るまで、個人の教育は皆な此の主義でありたいものだ」と述べる元良は、しかし、「個人主義は矢張国家に基礎がある」（「現今の倫理及宗教問題に就て」『丁酉倫理会　講演集』第四輯、一九〇〇年一〇月）という考えから抜け出すことはできなかった。元良の「国家主義」は「いわゆる独善的で排外的な「国粋主義」とは決して同質のものではなかった」（「凡例」『著作集』六）。しかし特に、一九〇四（明治三七）年の日露開戦を経て、欧米視察からの帰国（一九〇五〈明治三八〉年）以降、欧米列強に肩をならべるべき強大な国家を志向し、これを担うべき優秀な人材とし

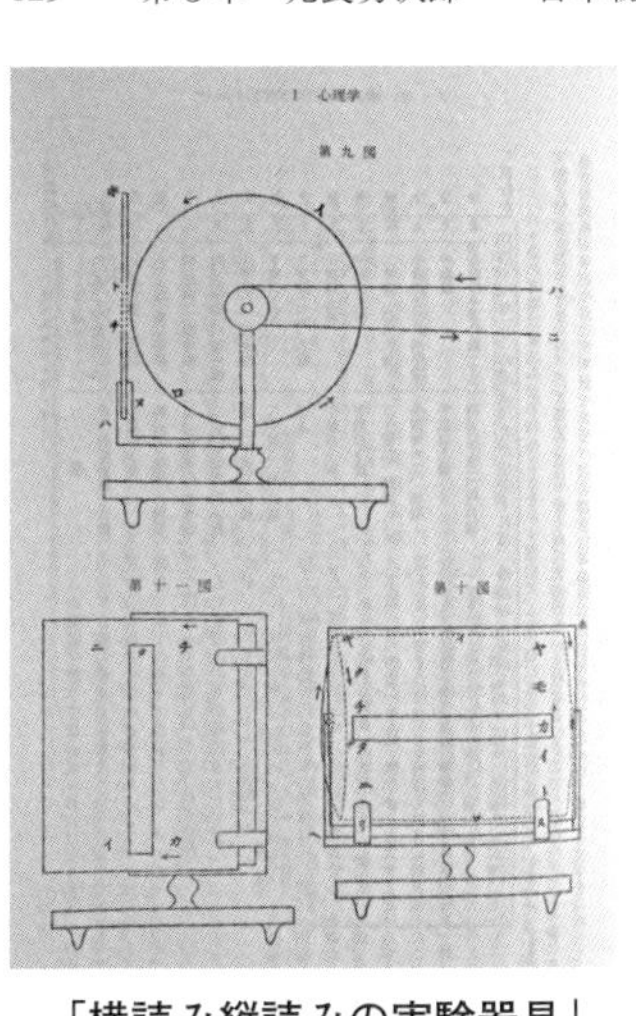

「横読み縦読みの実験器具」
（出典）『元良勇次郎著作集』第9巻，クレス出版，2015年，61頁

ての日本人民の育成という目的意識が鮮明に打ち出されていくことになった(「凡例」『著作集』一二)。

元良はアメリカで学びながらもアメリカ流に染まることはなく、従来の思弁的な心理学を批判して、科学的な実験に基づく新しい心理学(「精神物理学」)を提唱した。同時代の社会問題に対しては、大勢におもねることなく、独自の歴史的・心理学的分析に基づいた主張を果敢に展開した。学問に生きた元良は「圧制主義は、人を不平家と自暴自棄家とにする所以に過ぎぬ、学者の自由研究は、謬(あやま)った国家主義を以て圧迫せぬやうにありたい」(前掲「個人主義と家族主義および国家主義」)と述べる。「何事にも自由発展と云ふ事は、完全な個人を作るに何よりの秘訣である」という主張に、いま耳を傾けたい。

参考文献

森川多聞「元良勇次郎の思想形成期」『霊性と平和』二巻、二〇一七年

大山正監修・大泉溥主幹『元良勇次郎著作集』全一四巻+別巻二巻、二〇一三年〜

本井康博『徳富蘇峰の師友たち――「神戸バンド」と「熊本バンド」』教文社、二〇一三年

和崎光太郎「世紀転換期における〈修養〉の変容」『教育史フォーラム』第五号、二〇一〇年

佐藤達哉『日本における心理学の受容と展開』北大路書房、二〇〇二年

荒川歩「元良勇次郎が同志社英学校在学時の受講した科目について」『心理学史・心理学論』四、二〇〇二年

佐藤達哉「海外留学以前の元良勇次郎」『生涯学習教育研究センター年報』六、二〇〇一年

荒川歩「ジョンズ・ホプキンズ大学入学以前の元良勇次郎」『心理学史・心理学論』二、二〇〇〇年

伊藤彌彦「新資料　徳富蘇峰・元良勇次郎往復書簡類(三通)」『同志社談叢』一九、一九九九年

『新島襄全集』九巻下、同朋舎出版、一九九六年
内島貞雄「元良勇次郎による日本における心理学の確立――精神発達についての自然性と社会性の統合的把握の試み――」『北海道教育大学紀要（第一部C）』四四巻二号、一九九四年
同志社大学人文学研究所編『「六合雑誌」の研究』教文社、一九八四年
久木幸男他編『日本教育論争史録』第一巻近代編上、第一法規出版、一九八〇年
武田清子「『六合雑誌』」『思想』四六二号、一九六二年一二月
吉田熊次「教育学解題」『明治文化全集』一八　教育編、日本評論社、一九二八年

第7章　原田　助——国際主義を唱えた同志社人

沖田　行司

原田　助
（出典）『同志社・ハワイ・日本』同志社大学国際センター，2008年

原田助（はらだ・たすく　一八六三―一九四〇）は、一八六三（文久三）年に熊本藩士鎌田収の次男に生まれた。横井小楠の学問を継承した竹崎律次郎の日新堂で儒学を学び、熊本洋学校に入学した。一八七六（明治九）年に熊本洋学校が廃校になったので、広取英和学校に入学した。一八七九（明治一二）年に卒業し、翌年の一八八〇（明治一三）年に同志社英学校神学科に入学している。在学中に徴兵を免れるために熊本平民原田林平の養子となり、原田姓を名乗った。一八八四（明治一七）年に同志社を卒業して神戸教会の牧師に就任したが、翌年にシカゴ神学校の大学院に入学した。しかし、横井時雄の勧めでエール大学の神学部に移り、一八九一（明治二四）年に卒業している。宗教家としては組合教会世界

大会や世界ＹＭＣＡ大会に日本代表として出席するなど、日本人キリスト者として国際的にも高い評価を得ている。一九〇七(明治四〇)年に同志社第七代社長(後に総長)に就任し、一九一九(大正八)年に辞職するまでの一二年間、同志社の発展に寄与し、新島襄の宿願であった同志社大学の設立に尽力し、学生総数と基本財産を約三倍の規模に発展させた。

同志社総長を辞任した翌年の一九二〇(大正九)年にハワイ大学教授として招聘され、日本歴史や日本文学及び比較宗教史などの日本学関連講座をハワイ大学で初めて開設した。これに先立って、日米協会の委託を受けて排日問題の調査に従事し、日本を反省的に見る視点を養った。一九三二(昭和七)年に病気のためハワイ大学を退職するまで、ハワイの日系人社会とアメリカ社会をつなぐ重要な役割を果たした。帰国して病気療養に専念したが、一九四〇(昭和一五)年二月に、日米開戦を知ることなく永眠した。

移民教育論を手掛かりに、その日米観や東西文明論など原田が主張した国際主義の歴史的意味を探るとともに、原田が同志社に遺した足跡を明らかにしたい。

1　キリスト教と国際主義教育

国民的自覚と世界認識

原田が同志社英学校に入学したのは、第一回卒業式が行われた翌年であった。第一回卒業生に名を連ねた人々は熊本バンドと呼ばれ、その後の同志社に強い影響力をもった。

入学後、原田は大西祝と親しくなり、新島襄が自宅で行っていた聖書の講義に参加し、「先生の説教を聴く毎に一度も感ぜざることなし」（『日記』明治一三年九月一二日『原田助遺集』以降。日記はこれからの引用による）と感動し、やがて「基督教の真理なることを悟」り、キリスト教の伝道者になることを決意したと記している。原田の日記によれば、しばしば新島に招待されて自宅に出向き、その際の談話や新島の説教などを克明に記録し、強い教育感化を受けている。新島の講話で「我国に私立大学を建設せんことは余が多年の志望にして必ずや其成ることを信ず」（『日記』明治一七年三月二七日）という内容にも感銘を受けている。原田のキリスト教徒としての見識と学識は宣教師の間でも高く評価され、卒業まで残り二学期を残して神戸女学院からの招聘を受けたが、大西祝の意見も聞き入れて断っている

同志社を卒業して神戸教会の牧師に就任したが、アメリカ留学を希望してエール大学出身者のラーネッドと相談した結果、エール大学に入学する前に八か月から一年の学識と経験が必要とのアドバイスを受け、シカゴ神学校のポスト・グラデュエートの特別学生として入学した。しかし、横井時雄から「小生は兄が直にエール大学に行かざるを憾む」（『日記』明治二二年一月一七日）という手紙を受け取り、エール大学に入学することに決心した。翌年、同志社からゴードン（Gordon）の後任として招聘を受けて帰国し、一八九二（明治二五）年に神学部教授に着任した。この頃、アメリカンボードと同志社の間でボードが寄付をした建物の管理権と同志社のキリスト教をめぐる対立が生じ、ボードからの寄付金と宣教師の派遣を謝絶する事態に直面していた。

一八九七（明治三〇）年に社長に就任した横井時雄は尋常中学校の設置に伴い、徴兵令の適用を受け

るために、同志社の諸学校が「悉く本社の通則を適用す」という同志社綱領の第二条の一部と「本社の綱領は不易の原則にして決して動かす可らず」という第六条を削除した。但し、「本社は基督教を以って徳育の基本と為す」は変更しなかった。これをめぐりアメリカンボードも加わって大論争を引き起こした。結局は同志社綱領を元に戻して、尋常中学校を廃止して普通学校を設置することになった。原田は日本組合教会の総会において同志社綱領問題を議題に挙げ「同志社社員会が不易の原則たる綱領を変更したるは不法の決議と認定す」としたことに対して、「組合教会総会が同志社社員会に質すことなく、即決したる軽挙に対し心平かなる能はず此夜も能く眠る能はざりき」（「日記」明治三一年四月八日）と綱領削除に賛成の立場をとった。それでは、この頃の原田は日本におけるキリスト教をどのように考えていたのであろうか。

明治末年に、日本の「世界化」が叫ばれる中で、原田は世界の人類は地理的にも経済的にも密接な関係にあり、「世界人類は同胞」という観念が発達していると説明し、そうした中での日本の宗教のありかたについて次のように述べている。

> 我々の宗教も亦国民的範囲を超越したる世界的宗教を採用せねばならぬと考へる。苟も真理であるならば国の内外を問はず人種の如何を論ぜず、人類一般の為に有益なる宗教を採って之を我が宗教とする寛宏なる度量を抱かねばならぬ。膨張的国民には特に此の覚悟が必要である。若も日本の国家のみに適したる民族の宗教であるならば、之を以って他国民を教化することは出来ませぬ。今日以後の我が国の宗教は此人類的観念即ち Sense of Humanity を最も能く発揮する所の

ものでなければならぬ。（「基督教の日本に於ける使命」明治四二年一二月『信仰と理想』）

日露戦争後の日本が置かれた国際的な立場を反映し、日本は世界に向かって台頭する「膨張的国民」に相応しい宗教を必要としているというのである。この時代には「世界主義」という言葉が日本においても用いられるようになって、教育勅語の限界についても公然と議論する状況が出現した。原田はこうして、普遍的な宗教を主張する反面、現実の国家との調和に対しては極めて楽観的な観念を持っていた。ロシアに旅行してトルストイを訪問した際、原田はトルストイから「基督教徒が兵役に服するは正しきか」と問われ、「国民として兵役に服する基督教徒たると否とに何等異ならずや」と答えたところ、トルストイから「基督教徒が殺人行為を敢えてすると云ふや、人を殺す勿れとは基督教のみならず総ての宗教の根本思想なり基督教にして若し兵役を是認せんか正に偽善者と云ふべし」と鋭く問い詰められた。これを受けて、原田が「然らば愛国心と基督教は両立せざるや」と問いかけると、トルストイは「勿論矛盾す」と答えたと記している。また、トルストイは「日本が戦争の勝利を賞賛さるる時が日本にとり最も恐るべき時なり」（「日記」明治四三年五月二日）と話したとも記している。

原田には、トルストイが投げかけた問題の意味が十分に理解できなかった。それは、原田の国家観と密接に関係している。ロシアからアメリカに渡って、ハーバード大学で〝Old ideals and New Faith in Japan〟と題した講演を行っている。原田の主要な問題関心は、伝統的な日本と国際社会に存立する新しい日本との調和にあった。これに先立ち、一九〇六（明治三九）年にインドに講演旅行をした時、日本の明治維新の発展は「泰西文明の根本思想と日本固有の精神とが相融化」（「印度人に贈るの書」明治三九年一〇月『信仰と理想』）して達成されたものと解説した。原田はキリスト教信仰と日本国家の一国民としてのありかたについて次のように述べている。

余は個人として基督教を信じるの他に幾多の理由を有すると共に、此宗教が我国家的生命たらざるべからずとの信念を忘るること能はず。我国家は天地の公道に拠らずして確立すること能はず、基督教は即ち余輩が天地の公道を発揮したる最高の宗教なりと信ずるものなり、余が自ら基督教徒たるは陛下の御誓文の趣旨を遵奉するの精神と毫も相悖らざるなり、然れば日本の基督教徒はキリストの忠僕たると同時に陛下の良民、日本国の愛国者となりうべしと確信するものなり。（同前）

原田にとってキリスト教信仰と天皇と国家に対する忠誠は矛盾することなく世界の真理につながっていった。異質な文化や思想との出会いに生起する相剋を経験することなく形成された原田の「国際主義」が、同志社の学校経営と教育にどのように反映されたのか、そこからいかなる問題が派生したのかについて考察を進めたい。

同志社教育と国際主義

一九〇六（明治三九）年一一月に原田は理事会の推挙を受け、満場一致で同志社社長に就任した。原田は就任の辞で次のように述べている。

予は学浅く信薄く、且つ教育上の経験乏しき者なりと雖も予が有する総てを愛する母校の為に献げん。予は武士の妻が其夫に嫁するの覚悟を以って全身を同志社に捧げんと欲す。私立学校に必要なるは、職員は勿論学生一同学校を我がものと思ふの精神なりとす。学校は一大家族なり、此家族は必ずしも他の家族に勝れるにあらず、然れども我一家は歴史を有し、理想を有し、家風を有す。我は貧せりと雖も我家族に属することを我誇りとなせり。（「日記」明治四〇年一月八日）

原田は私学同志社の特性に重きを置き、新島以来の「同志社魂」に誇りを持ち、同志社人が一体となるべきであると説いた。就任に先立ち、原田は「教育の根底」という論文を公表し、世に問いかけている。この論文の執筆動機は、一九〇六（明治三九）年に文部大臣牧野伸顕が、日露戦争後の社会問題の発生に伴う労働争議や社会主義思想の浸透に対応して、学生の思想・風紀の粛正についての訓令を発令したことによる。その内容は「学生生徒の本文は常に健全なる思想を有し確実なる目的を持し、刻苦精励他日の大成を期するに在るは固より言を俟たず殊に戦後の国家は将来の国民に期待する所益々多く今日の学生生徒たる者は其の責任一層の重きを加えたる以て各々学業を励み一意専心其の目的を完うするの覚悟なかるべからず」（「文部省訓令第一号」明治三九年六月九日）と教育の目的を定めたうえで、近年の青年女子は「意気消沈し、風俗頽廃せる傾向」にあると指摘し、これらの原因を「家庭の監督」と「学校の規律」が弛緩したところにあると述べた。この対策として出版図書の検閲体制を強め、「危険の思想」が教育界にも伝播しないように注意をする必要があると論じた。

牧野の訓令に対して、原田は「文相の謂ふ所のもの単に取締を厳すべきを伝へるのみにして更に学生の気風を作興すべき消極的方針を示すものなければなり」（「教育の根底」明治三九年、『信仰と理想』）と、牧野の基本姿勢を批判し、「外部の圧迫を加へて血気盛んなる青年を導化」する訓令そのものは角を矯めて牛を殺す類のものとであると厳しく批判した。原田は自分の教育信念を次のように展開している。

学業を成就し又は国民として其の国の国法に従順なるを以って果たして教育の目的を達し得たりとなすか、是れ只だ教育の一部分なるのみ、其の終極の目的には在らざるなり、青年間に煩悶者の多きは畢竟するに人生の目的を教ふる者なければなり、人生に対して健全なる目的を指示することをせず、徒に煩悶者を責むるは亦た酷ならずや、教育者先づ此の点に於て自ら覚悟する所なかるべからず（同前）

原田によれば、学業を成就し国法に従順なることは教育の一部に過ぎず、教育者が人生の目的を教えることによって「煩悶する青年」を救うことが出来るというのである。原田は教育の目的を「人類をして其天職の霊能を発揮せしめ天と人とに対する本分を尽くさしむる」（同前）ことにあると主張する。この点において原田は、「教育と宗教は全然その目的を一にす」と説いた。さらに、「教育者たる者此信念に依らず徒に芸を授け若しくは規律を励行して以て自修克己の精神を渙発せんとするも難い哉」（同前）というように、牧野の訓令は意味をなさないと反論した。当時、「教育の根底」といえば「教育勅語」を意味したが、原田は教育の目的を、国家を超えた「人類」としての立場から構想していたことを意味している。原田はこの論稿の最後に「家庭に在りて良父母たるも国家に対して忠臣たるも将た公私大小夫々の職務に忠実なるも天命に従順なるの心に基くにあらずんば如何で其根底を得たるものと云ふを得んや」（同前）と述べ、個人・家庭・国家・人類を一貫した原理を教育の根底に据えることが「教育界の根本刷新」であると論じた。

日露戦争の勝利は、原田の国際主義に一つの方向を明示した。「今や戦勝の結果国民的自覚心は勃然として起こり来たれり」（「先祖崇拝論」明治三八年、『信仰と理想』）というように、原田にとって、この「国民的自覚」こそ、世界に向かって日本の理想の実現をめざす原動力となるものであった。

> 武士道は可なり然かも日本将来の発展は武士道以上のものを要す。啻だに国家の精髄を発揮するに止まらず驕奢を誡め自ら足らざるを感じ、理想を高遠にし希望を博大にし常に進んで、止まざるべきのみ、何となれば社会の理想は既往にあらずして未来に存すればなり、然り而して斯の如きの高遠博大なる理想を鼓吹するは豈に保守的なる祖先教もしくは自尊的なる国家教の能くする所ならんや。（同前）

「保守的なる祖先教」と「自尊的なる国家教」というのが何を意味したかは明確に示してはいないが、排外主義的な宗教や道徳では、国家発展は望めないというのである。しかし、原田の「国際主義」は国民的自覚の具現化でもあり、それは世界に向かって膨張する国家像の形成という日本が置かれた状況における課題を反映したものでもあった。

同志社社長（後に総長）に就任後の原田の方針は、「同志社将来の事業に就て大なる覚悟と確信を要すること、又外国の補助に依頼すべからず飽くまで邦人の義心に訴へ其協力に俟つの方針を執らざるべからざるを深く感ず」（「日記」明治四一年三月一〇日）というように、アメリカンボードなどの海外の援助に頼らないで、日本の政界や財界を問わずあらゆる人脈を通して、同志社大学設立のための募金活動を展開した。

以上見てきたように、原田の教育論には古い国家の枠組みを超えてゆく「国際主義」の方向を有してはいたが、本質的には現実の国家そのものとの緊張関係を有するものではなかった。しかし、一九一〇年代から一九二〇年代にかけてのアメリカにおける排日問題と関わることによって、現実の日本国家とその思想と対峙せざるを得なくなった。それは同時に「国際人」としての原田の出発点でもあった。

2　排日問題と日本移民社会

日米関係委員会の委嘱

一九一九年（大正八）、原田は同志社の学内紛擾の中で、失意のうちに同志社総長を辞職した。講演や伝道活動などの国際交流や対外活動で同志社を長期間にわたって留守にしたことなどが、原田を辞職に追いやった原因とも言われている（『同志社百年史』通史編）。

同志社を辞職した原田は、欧米の大学や教会関係から講演を依頼されて世界各国を旅行したが、ハワイ大学から日本歴史・日本文学を担当する教授として招聘を受けて一九二〇（大正九）年八月に赴任することになっていた。ところが、六月に渋沢栄一と会談した折に、カリフォルニアにおける排日問題について、日米関係委員会からその調査を依頼された（「日記」大正九年六月七日）。ハワイ大学の教授として着任することを理由に一度は辞退したが、渋沢の強い要望を受けて、ハワイ大学総長の許可を得て引き受けることになった。原田の「日記」には、この辺りの事情について次のように記録されている。

急電に接し東上、渋沢子爵を訪ふ。子爵は日米関係委員会の重なる者及び原首相も全く同意なるを以て是非共渡米を依頼したしと述べられる。予は㈠布哇に先約あれば成るべく辞退したきこと㈡若し他に適任者なしとなり布哇大学に於て予の就任を一月まで延期するを快諾するに於ては諾すべし㈢其場合予の使命を覚書として明記を乞ふことを述ぶ。子爵の熱烈、国家を思ふの誠意に感動措く能はず、次いで阪谷男爵、金子男爵を訪ふ。共に予の渡米を勧誘することせつなり。

（「日記」大正九年七月四日）

渋沢は日米関係と排日問題に強い関心を持っており、一九一五年（大正四）に自ら渡米した際に、日米両国の軋轢を防止し、良好な関係を維持するために、カリフォルニア州にある日米関係の委員会に呼応するような組織を日本でも設立することを思いつき、翌年の二月二九日に日米関係委員会を設立した。その会員には渋沢をはじめ大倉喜八郎や三島弥太郎・森村市左衛門・団琢磨などの財界人や、金子堅太郎や新渡戸稲造・阪谷芳郎などが名を連ねている。日本の日米関係委員会の一九二〇（大正九）年八月の記録には、「文学博士・神学博士原田助をアメリカ合衆国カリフォルニア州に派遣し、同地方に於ける排日緩和を講ぜしむることとなりたるにより、同日、同人及び千葉豊治の送別会を東京銀行倶楽部に開く。同時に、同国ハワイに有りて日本人第二世啓蒙運動に従事せんとする牧師奥村多喜衛を招き、其説を聴きて賛意を表す」（『渋澤栄一伝記資料』第三三巻）と記されている。千葉豊治は当時カリフォルニア州の日本人農業者を統括する中央農会専務理事で、反日運動の現状を訴えるために日本に一時帰国していた人物である。また、奥村多喜衛はハワイのホノルルで日本人小学校を設立し、日本人キリスト教会の指導的立場にあった牧師である。千葉豊治は排日問題の解決策として「宗教家を米国に派遣する件」を日米関係委員会に提案している。千葉によれば、その人物は「日米問題に対し理解力を有する事、米人間に知己を有すること、英語に熟達し至誠人を動かす篤実の士たることを要す」（『楽園時報』第一五巻第九号、一九二一年九月）という基準を明示している。原田はこの条件に最も適した人物として評価されたのである。

排日問題の調査

一九二〇（大正九）年八月、原田は調査のために渡米し、同年一二月に「米国加州排日問題調査報告」という報告書を提出した。最初の数頁は、カリフォルニア州の外国人土地所有法案の概要と排日運動の事実過程を詳細に記述している。主要部分は、原田の人脈を通して選んだアメリカの「代表的人士」へのアンケート調査から構成されている。原田が選んだ人脈とは、具体的には大学総長、教授、実業家、宗教家、言論人、役人、各種団体、医師、社会事業家など、アメリカ社会の指導者的な立場にある人々である。原田は、この調査の目的が「自国の利益を計るよりは、寧（むし）ろ両国相互の福祉と好意、並びに世界恒久の平和を念とする」（原田助「米国加州排日問題調査報告」一九二一年二月）ことであることを明らかにしたうえで、忌憚のない意見を求めている。質問は次の六項目からなっている。

一、現時加州における排日運動の主なる理由と貴下の思考せらるる所は如何。経済的なりや、社会的なりや、人種的なりや。

二、加州及び其他に於ける日本人に対する重なる非難又は苦情は如何。

三、貴下の所見にては、米国に於ける排日感情の拡大せる程度は如何。

四、加州に於ける日本人問題の恒久の解決法如何。

五、目下米国に普く広がれる対日的猜疑（さいぎ）の理由如何。

六、両国の歴史的友誼を維持せんが為（た）め、米国民の日本に対して要求せんとする所は如何。（同前）

このアンケートは二三〇人を対象として行われたが、回答を寄せてきたのは約半数の一一一名で、その内の九名が回答を拒否すると通知してきた。最初の排日の理由としては、日本人移民の低賃金労働による白人労働者の失業問題が全体の七五パーセントを占めていて、人種的要因が一五パーセント、政治家の野心による扇動などもその他で挙げられている。二番目の質問に対しては、日本人がアメリカに同化しないこと、競争の方法が低賃金・長時間労働などアメリカ的ではないこと、生活程度が劣等、日本人だけの集団をつくる、日本政府の帝国主義などの意見が寄せられた。三の排日感情の広がりに関しては、カリフォルニア州と太平洋沿岸地域などに限定され、主として外国より移住してきた労働者や農民階層、とりわけアイルランド系アメリカ人の間で反日感情が強いと分析している。

四の解決法としては、日本よりの移住を禁止し、日本語学校の改善もしくは廃止、日本人会の解散や日本人集団の阻止などが指摘されている。五の項目については、日本の軍国主義と朝鮮・中国・シベリアへの帝国主義政策のなどが記されている。最後の六の質問に対しては、帝国主義の撤廃と両国民相互交通、デモクラシーの進歩などを日本に求めている。

このアメリカ人に対するアンケートに加えて、日本人会の会長や邦字新聞社の社主、日本人宗教家や教育者、実業家など在留邦人に善後策などのアンケートを実施して、日本人の努力や改善策として次のように提案した。

(イ)　米人間に、日本及び日本人に関する事実を了解せしめ、誤報曲解を正すことに務むること。

(ロ)　英語の習得に努め、米国の社会的精神、政治組織、社会制度、風俗習慣等を了解し、これを尊重して同化実行に務むること。

(ハ)　経済的実力を充実して、地方的には日米人同業組合を組織し、又は既設組合に加入して同化実行に務むること。

(ニ)　賭博(とばく)及び無用の浪費を廃し、努めて故国に対する送金を控えて、地方の金融経済の潤沢に資すること。

(ホ)　在住の心掛けを事業本位より生活本位に改め、出稼根性、一時的腰掛主義の生活より来(きた)る不健康、不調和の生活方式に根本的改革をなすこと。

(ヘ)　特に婦人の待遇、子女の教養方針の同化に努め、永住の方針をとること。

(ト) 宗教の信奉は自由ならんも、努めて異教徒なりとの悪感を挑発せざる様(よう)にし、会堂の建立其他に大改革をなすこと。(同前)

原田は、日本政府に対しても、日本と日本人に対するアメリカ人の誤解を解き、正しく理解するための機関をアメリカに設置することや、軍国主義や帝国主義的政策を改めること、日本国内における外国人差別待遇の法律や制度・習慣を改善することを提案している。

日本の民間有志に対しては、日米両国に日米親善のための公正な輿論(よろん)を喚起する機関を設置し、日本国内においてはアメリカに関する知識を普及して反米感情の挑発を防止するとともに、世界に向かって、交通や教育、衛生、慈善などの「文化的社会的施設」を改善し、民衆の地位の向上を図り、日本は世界から隔離した生活をしていない事実を発信できるように努力するという、具体的な提案を示している。

日米関係委員会の委嘱を受けて、アメリカにおける排日問題を調査することを通して、原田は日米の相互理解のための具体的な課題について考えることによって、その国際主義の内実をさらに深める機会を得た。さらに、日本の帝国主義的な政策を反省的にとらえる視座をも確立した。

3　ハワイ移民の教育と日本改造論

第三維新論と教育

排日問題の調査は原田の国家観や国際主義に大きな影響を与えた。調査を終えた一九二一年(大正一〇)二月、原田はハワイ大学教授に就任した。日本講座が用意されていた。日本語科、文学科、歴史科から構成された日本講座の学生が受講していて、記録によると、日本語科には中国人九名、アメリカ人五名、朝鮮人一名の一五人いていた。文学科には日本人一〇名が受講し、徳冨蘆花の『自然と人生』をテキストに用いていた。近代史を主とした歴史科には二〇名の日本人が受講していた。後には比較宗教学の講座も開かれた。

ハワイ大学の教授に就任した翌年の一九二二(大正一一)年に、原田は邦字新聞に「第三維新」と題した論文を発表している。第一次世界大戦後の新時代を、原田は大化の改新と明治維新につぐ日本の歴史上第三番目の大改革の時期ととらえた。しかも、「現在の革新は、只(ただ)日本国内の要求のみではない、寧ろ世界大勢の要求に依るもの」(『日布時事』一九二二年一月一日)というように、前者の二つとは質的に異なり、国際社会の大勢を受けたものであった。「政治理想の改革」では、政治家が自分の所属する政党の利益及び勢力拡大に没頭するような「政治的頽廃」を一掃し、「社会奉仕の観念」に基づいた政治改革を行うことを提案している。具体的には貴族院を改革し、婦人選挙権を認める普通選挙を実現することを提案している。

さらに、日本が国際社会に対して「平和の確証」を主張するためには、「一には支那に対し其の陸軍縮小の規模を示し、二には日本外交が何等侵略政策にあらざることを、支那及び世界に公然と指示すべきである」（同前）というような平和政策を実行するべきであると提唱した。そのためにも、軍閥と外交が混合することを避けて、両者の区別を明らかにする必要があると説いた。

原田は、国際協調という新しい時代は、マキャベリー流の力による権謀術策の時代から「正義の主張と人道の尊重」が勝利する時代の到来であると考えた。こうした理想を実現するために、教育に大きな期待を寄せたのである。

原田によれば、明治維新以来の近代教育の進歩と理想は「新時代の指導法としては誤りなきものであるかは大なる疑問」（同前）であった。原田は日本の教育の欠点として、「国定的精神」に捉われすぎており、「強制的注入的」であることを指摘している。また「個人的特性に重きを置くことなく、個性の発達を奨励することがない」と厳しく批判した。このような日本教育の欠陥を是正するために、例えば国字を改良して漢字を簡素化したり、学閥の悪弊などの旧弊を一掃するとともに、「忠孝の一点張り」の教育方針を改めて、「進んで人類同胞、世界共通の大道に基づいた道徳思想と、個人性を尊重するの精神とを奨励すること」（同前）が急務であると主張した。

また、原田は第三維新の重要な課題として、労働問題を指摘している。しかし、この問題に関しては、資本家など指導的立場にある人が、労働者が置かれた立場に「同情し、尊敬を払って彼らの地位を樹てる心掛け」が必要と指摘するに留め、何等具体的な対応を示してはいない。これら第三維新を完遂するためには「道徳上の革新」が不可欠であると説いている。原田によれば、日本の最大の欠点は「思想の根底を確立し、正当なる信念を樹立すること」ができないため、人類兄弟・友愛の精神が育たないばかりか、「宗教思想は動もすれば国家的に流れ、保守的となり、固定し、枯死し、然らざれば反対に懐疑主義となり物質的に流れる」（同前）という有様であった。

以上に見てきたように、第三維新は日本の改造を意味したが、それは原田の国際主義の帰結でもあった。こうした国際主義は、ハワイにおける日本人移民の教育問題に関わる際の基本的な視点となった。

日本語学校問題と同化政策

アメリカ本土の排日気運を受けて、ハワイの日本語学校でも日本国内と同じ教科書を使用していたため、アメリカの市民教育と齟齬をきたすとの批判が起こっていた。日本語学校で用いる教科用図書の編纂は懸案事項となっていた。一方、一九一九年から始まった日本語学校を対象とした外国語学校に対する法的規制が提案される中で、一九二〇（大正九）年一一月一八日に、日米合同委員会によって外国語学校取締法が成立した。そこで、一九二一（大正一〇）年二月にハワイの教育局長から日本国総領事に教科書編纂委員会の指名依頼があり、一五名の委員が任命され、原田はこの委員会の委員長に任命された。ところが、日本語学校の教科書の編纂事業を日本人のみに任せないで、日米共同でこの事業を進めてゆくべきであるとの意見が英字新聞("The Pacific Commercial Adovatiser", April, 25, 1922)で主張されるようになり、前知事のフレーアやハワイ大学総長ディーンなど八名からなるアメリカ人委員が新たに任命された。

一九二二(大正一一)年六月二〇日に日米合同による第一回教科書編纂委員会が開かれた。その席上で、アメリカ委員より公立学校第三学年に達しない児童に日本語教育を施してはならないという「日本語学校学年短縮案」が提出された。委員会の協議内容は原則として最終協議まで公表しないという約束であったが、英字新聞がこの内容をスクープとして公表した。これに対して、現行の外国語学校取締法の趣旨と精神に反するばかりか、「殆ど撲滅の命令を受けたと同様」(『日布時事』一九二二年七月二七日)であり、これまで協力をしてきた日本人の期待を無視するものであると、激しい批判が起こった。さらに、これらは教科書編纂委員会に与えられた権限を越えたものであるという批判が展開されたが、委員会は日本語学校の教育年限を六年とし、段階的に幼稚科と小学校一・二学年は廃止すること、編纂される教科書には日本語の語句に対して同意義の英語の語句を入れることなどを内容とする提案を教育局に提出した。この提案に対して日本人協会は裁判訴訟のための寄付を募ったが、日本人委員会の責任者であり、日本人協会の理事でもあった原田は訴訟反対の意思を表明し、『日布時事』では「訴訟はおこすべからず」と題した社説で次のように主張した。

法理の上からは、日本人側の勝利に期するかも知れないが、吾人と同じく訴訟提起に反対である布哇大学原田博士も論じている通り、議論の主体となるべきものは、日系市民の教育及び将来の福祉如何といふ点であって、日本人の権利問題の如きは寧ろ是れ枝葉の問題である。

（『日布時事』一九二三年、一〇月二日）

これはその後、訴訟派と反訴訟派というように、日本人移民社会を二分する大騒動へと展開した。そうした最中に、外国語学校の監督費として、日本語学校に通学生一人に付き年一ドルの税金を徴収する法案が提出された。原田は、その責任は、学校取締法に対して法廷闘争を行い、当局に対して「謀反的態度を取った」訴訟派の人々にあると説明し、通学生にかけられた年一ドルの税金についても、過重な税金ではなく減じられることもあるとして、次のように述べている。

予は我が同胞諸彦に対し、諸君が此の問題に就いて軽挙するなからん事を重ねて切望する。希はくば飽くまでも慎重の態度を持し、徐に当局者の措置を観察し、能ふ限りの初志を一貫して協調の実を挙げよ。それが排日の気勢を挫くの最上策である。それが日系児童の将来の為の最善策である。

（『日布時事』一九二三年、四月二三日）

原田のこうした主張を見てくると、第三維新で論じた自主自立の精神から後退しているようにも見えるが、排日運動の緩和策及び国際協調の姿勢が、訴訟反対の立場をとらせたと考えられる。

日本語学校に関する訴訟は一九二七（昭和二）年の大審院まで持ち越され、ハワイ当局が制定した外国語学校取締法とそれに関連した法律は合衆国憲法に違反するとの判決が下った。その年に原田は、Institute of Pacific Relations という会議で“The Social Status of the Japanese In Hawaii”と題し、日本人移民が直面する幾つかの問題に関する考察を行っている。その中で、日本語学校問題については次のような認識を明らかにしている。すなわち、初期の日語学校はキリスト教伝道師によって設立されたが、特に何ら問題になることは無かった。しかし、日本から多くの教師がやってきて、日本と同じ教育を行うようになって多くの問題が生じるようになったというのである。原田は明記していないが、それらは主として仏教系の日本語学校を意味していた。これによって「日本語学校がハワイ生まれの二世をハワイから引き離す邪悪な運動の中心」と見なされる大きな要因となったというのである。一九二七年の大審院での違憲判決にもかかわらず、原田は二世の教育問題は未解決であると、次のような問題提起を行っている。

・外国語学校は二世のアメリカ化の助けとなるのか障害となるのか
・いつまでこれらの学校は独立した制度として存続するのか
・二世はどの程度まで日本語を学ぶべきなのか
・実行は可能で、満足の行くものであれば、外国語学校は公立学校と合併されるべきではないか
（The Social Status of the Japanese in Hawaii: 1927, Institute of Pacific Relations）

外国語は公立学校の制度の中に位置づけられるべきであるとするのは、ハワイの外国語学校の調査に当たった連邦政府の教育調査団の結論と一致したが、原田によれば公立学校において異人種との融合があり、相互理解が進展してアメリカ化の効果が上がるというのである。一世と二世との言語上の断絶については、幾つかの悲劇をもたらしはするが、それらは過渡的な現象にすぎないと原田は主張した。

原田は同化問題については、それを推進する組織として、アメリカ民主主義の理念や制度を学び、異なった人種との社会生活を学ぶ公立学校を重視し、それを補完するものとしてＹＭＣＡなどのキリスト教関係の組織を挙げている。逆に、同化を妨げる組織としては、仏教や神道の青年組織、日本語学校などを指摘している。原田は、仏教がキリスト教の教会活動を模倣して日曜学校や婦人協会等を組織した結果、日本人移民社会には仏教倫理とキリスト教倫理の二元化の現象が生じたと指摘する一方で、アメリカの理念や制度を学ぶと同時に、日本の伝統や特質に対して尊敬の念を懐くような、日米の道徳と倫理を結合させた二世の新しい倫理の確立を奨励した。原田はハワイの日本人移民、とりわけ二世と呼ばれた新しい世代に、国際主義の理想とその実現を託そうとしたのである。

参考文献

原田助『信仰と理想』一九〇九年
原田健『原田助遺集』一九七一年
Tasuku HRADA "The Faith of Japan" 1914
沖田行司『ハワイ日系移民の教育史――日米文化、その出会いと相克』一九九六年

第8章　大西　祝――短き生涯が遺したもの

望月　詩史

大西祝（おおにし・はじめ　一八六四―一九〇〇）は、一八六四（元治元）年に木全正勝の三男として岡山に生まれた。一八七七（明治一〇）年に同志社英学校普通科に入学し、翌年に新島襄より受洗した。その後、神学科に進学、卒業後に上京して一八八五（明治一八）年に東京大学文学部に入学する（翌年帝国大学に改組）。一八八九（明治二二）年に帝国大学を卒業、同大学院に進学し、外山正一、ブッセ、井上哲次郎の指導を受けた。一八九一（明治二四）年に東京専門学校講師に就任し、論理、倫理、心理、美学、西洋哲学史を担当した。彼の感化を受けた学生として、金子馬治、島村抱月、綱島梁川、朝河貫一らがいる。また、『六合雑誌』の編集に携わる傍ら、一八九四（明治二七）年頃にはユニ

大西祝肖像
（出典）『大西祝全集　第5巻』日本図書センター、2001年、扉

テリアン主義の先進学院の教頭に就いて倫理学の講義を担当した。さらに、横井時雄、浮田和民らと「丁酉懇話会」(後に丁酉倫理会と改称)を組織する。一八九八(明治三一)年に京都帝国大学文科大学長に内定したのと同時に、学科や組織などの調査を目的に文部省派遣留学生としてヨーロッパ留学を命じられた。イェーナ大学、ライプチヒ大学で学んだが、一八九九(明治三二)年にインフルエンザと肺炎を併発して神経衰弱に罹り、同年帰国、翌一九〇〇(明治三三)年に死去した(享年三六歳)。三六年の短い生涯にもかかわらず、倫理学や哲学の分野で多大な功績を遺し、また、大日本帝国憲法に基づく国家体制が確立していく時代状況の中で、一切のタブーを恐れない「批評主義」を掲げて多方面で活躍した。

1　岡山から京都へ

キリスト教との出会い

大西祝は、一八六四(元治元)年に木全正勝の三男として岡山に生まれた。元々は木全姓だが、母方の嫡子(大西定道)が西南戦争で戦死したことに伴い、一八七八(明治一一)年に大西姓を継いだ。本章では、便宜上、「大西」姓で表記を統一する。

大西は同志社に入学するまでに、岡山の藩校内に設けられた「小学」、学問所(後に小学校)で学んだ。漢学の素養を身に付けると同時に、啓蒙的な教科書を読んだことで、特定の学問分野を重んじる傾向から免れた(平山洋『大西祝とその時代』日本図書センター、一九八九年)。

さて、大西の家系は、岡山におけるキリスト教の伝道と深い関わりを持つ。一八七五(明治八)年、大西の伯父である中川横太郎に率いられて、宣教師のW・テイラー(Wallace Taylor)が岡山を訪れた。そして、患者の治療とともにキリスト教の説教をした(岡山県史編纂委員会編『岡山県史 第一〇巻 近代Ⅰ』山陽新報社、一九八六年)。テイラーが最初に説教を行ったのが中川の自宅である。そこには大西の祖母、母、妹らの姿があった。彼女らが受洗したのは、一八八〇(明治一三)年一〇月の岡山基督教会所設立時であり、新島襄が司会を務めて洗礼式が行われた(片山純一『大西祝――闘う哲学者の生涯――』吉備人出版、二〇一三年)。

同志社との関わりでは、一八七七(明治一〇)年にJ・L・アッキソン(John L. Atkinson)らが、当時同志社に在学していた金森通倫や小崎弘道らを引き連れて岡山を訪れて伝道したことや一八七九(明治一二)年一〇月に設立された岡山キリスト教会所の初代牧師に金森が就任したことなどが挙げられる。こうした環境の中で育った大西が、キリスト教に親近感を抱いたことは想像に難くない。ただし、同志社への進学を決意したのが本人の希望なのか、中川や金森らの後押しによるものなのかは定かでない(前掲『大西祝とその時代』)。

同志社英学校入学

大西は一八七七(明治一〇)年一月に同志社英学校普通科に入学した。入学月について諸説あるが、「一月」説が有力である(前掲『大西祝――闘う哲学者の生涯――』)。翌年に西京第二公会で新島襄から洗礼を受けた。同志社在学中の成績は非常に優秀であり、当時より一目置かれる存在だったが、友人らが相談事をしても、いつも「分からない」というので「応じん天皇」というあだ名が付けられたという（綱島佳吉の回想、同志社社史資料室編『創設期の同志社』同志社社史資料室、一九八六年）。

徳富蘇峰は、同志社時代の「親しき友人」の一人として大西を挙げており、「当時から望を嘱してゐた」と回想している（徳富蘇峰『蘇峰自伝』中央公論社、一九三五年）。両者が関わりを持ったグループとして、一八七七（明治一〇）年一月に結成された学生の自治団体「同心惒社」が挙げられる。蘇峰、蔵原惟郭、大久保真次郎らがメンバーであり、大西もその一人だった。元々このグループは、年長者によって組織されていたバイブルクラス（余科）に対する年少者の反発を一つの動機として結成された。また、「徳育」派に対する「智育」派のグループとしての性格も併せ持っていた。同心惒社の活動状況は、『同志社大江義塾徳富蘇峰資料集』（三一書房、一九七八年）に収録されている日記や演説などを通じて、その一端が明らかとなっているが、精力的に演説会や討論会を行っていた。そして、活動は二年ほど続いたが、最終的にバイブルクラスの学生が加わったことをきっかけに解散した（河辺久治の回想、前掲『創設期の同志社』）。

同心惒社は演説や討論で社会問題や政治論などを取り上げたが、中でも一八七八（明治一一）年一〇月頃の智識と道徳をめぐる「智徳（智育徳育）」論争は、非常に盛り上がりを見せた。その背景には、道徳派（信仰派）と知識派の対立、バイブルクラスに反発を抱いた大久保による学生の煽動などが指摘されている。智徳論争は一時期の「同志社全体の空気を作り、思潮を作り、各方面に影響した」（蔵原の回想、前掲『創設期の同志社』）と言われる。必ずしも勝敗が決したのではないが、蘇峰らが卒業前に退学したことも影響して、徳育派が大勢を占めるにいたった。

この論争に大西がどこまで関わったのか明らかではないが、後年に彼が智徳に触れた文章から類推すると、「徳」を重視していたと推測される。とはいえ、「智」を軽視していたのではなく、また、「徳」のために「智」を発達させるものでもない、つまり、「智」が「徳」に従属するものではないと考えていた（「宗教の分裂」「教育の目的」『六合雑誌』第一〇七号、一八八九年一一月）。

山崎為徳と進化論

大西は一八八一（明治一三）年に普通科を首席で卒業し、同年神学科に進んだ。卒業演説は「生物と変化の関係」であった。この内容は詳しく分からないものの、演題から推測するに、「目的論的進化」に関係するものだったと考えられる（前掲『大西祝とその時代』）。彼がこれをテーマに選んだ理由として、次の二つの事情が挙げられる。

第一に、当時の日本における進化論の流行である。一八七七（明治一〇）年にE・S・モース（Edward Sylvester Morse）によって生物進化論が紹介された。しかし、当時必要とされたのは、社会理論としての進化論であり、つまり社会進化論として受容された側面が強い。三宅雪嶺が「進化論は抵抗すべからず勢を以て拡まった、進化論は思想界を風靡（ふうび）した」（『明治思想小史』丙午出版、一九一三年）と記すように、それが知識人らに与えた衝撃は非常に大きかった。

第二に、在学中に山崎為徳から学んだ神学上の進化論の影響である。当時の日本で流行した社会進化論は、無神論と結び付いており、「優勝劣敗」「生存競争」「適者生存」といった言葉が強調される一方、競争よりも共存、敵対よりも融和を求めるキリスト教に対する攻撃も加えられた。こうした社会進化論を批判したのが山崎である。山崎は東京開成学校を中退して、一八七七（明治一〇）年に同志社英学校余科に入学した。そして、神学を学びながら、助教として数学・化学・文学などを教えており、その生徒の中に大西がいた。山崎が大西の将来を嘱望していたことは、亡くなる直前に新島から「将来同志社を負うて立つべきは何人（なんぴと）なるかを以てす」と問われた際、「大西等をこそ育て、之（こ）れを任すべきなれ」と答えた逸話からも明らかである（「文学博士大西祝先生略伝」『大西祝全集　第七巻』日本図書センター、一九八二年）。

山崎の進化論理解を知る手掛かりとなるのが、『天地大原因論』（福音社、一八八三年）である。「上帝ナルモノ存在セストノ論」である無神論及び無原因論に対して、有神論の立場から、批判的検討が加えられている。興味深いのは、進化論を否定しているのではなく、それと有神論が決して相容れない存在ではないと考えていたことである。その関係性を「機械」と「機械家」に例えて説明する。

変遷法（進化論―引用者）ハ機械ノ如ク上帝ハ機械家ノ如シ機械ノ運用ハ機械家ノ働（はたらき）ニシテ変遷法ノ行ハル、ハ即チ上帝アリテ之ヲ行フカ故ナリ変遷法アルヲ以テ上帝ナシト論ズルハ猶（なお）機械アルヲ以テ機械発明者ナク運用者ナシト論ズルガ如シ愚（おろかしく）モ亦甚（はなは）ダシキニ非スヤ

このように、無神論では世の中の様々な現象を解明できず、有神論こそ、「事実ニ適スル正論」と結

論付けたのである。

山崎から学んだ進化論理解を基にして、「生物と変化の関係」を論じたとみられる。大西は、その後も進化や変化について思索を深めていった。これは後年における彼の宗教に対する態度にも反映された。つまり、宗教も進化し、それに伴って変化する性質を有していると見ており、教義を固定的、絶対的に捉えることに疑問を呈したのである（「インスピレーションに就いて」『六合雑誌』第一一一号、一八九〇年三月）。

2 「良心」とは何か

「良心起源論」の執筆

一八八四（明治一七）年に同志社英学校神学科を卒業した大西は、一八八五（明治一八）年に東京大学予備門三年次に編入学した。編入後最初の期末試験（第二学期）の成績は、一〇学科平均点八三・六で八六人中第六位だった（「大臣博士の学校成績公開」『中学世界』一九二八年三月号）。半年後、東京大学文学部に入学した（翌年帝国大学に改組）。成績優秀につき、毎年特待生に選ばれた。

大西は上京後も毎週日曜日に教会に通い、日曜学校で教えていたが、キリスト教に対する態度に変化が生じた（谷本富「故大西博士の宗教思想」講演『倉敷　日曜講演』第二三巻、一九〇六年三月）。そのため、「信仰生活は幾多変遷有し」（一九一〇年一一月六日に早稲田大学で開催された大西の追悼会における海老名弾正の言葉）

とか、「宗教の形式的方面に冷淡になった」などと評される（比屋根安定・姉崎正治閲補『現代日本文明史　第一六巻　宗教史』東洋経済新報社、一九四一年）。前述のように宗教の進化に関する理解が影響していたとはいえ、宗教そのものに対する「冷淡」というよりも、「その識見が進歩するに随（したが）ひ従来の宗教に満足しなかった」ことを示すものである。その意味では、一貫して「宗教を擁護する立場」に立っていた（前掲『現代日本文明史　第一六巻　宗教史』）。

一八八九（明治二二）年に首席で卒業し、同年に大学院に進学して、給費研究生となった。大学院時代の指導教授は、当初、外山正一とブッセ（Carl Heinrich August Ludwig Busse）が務めた（「帝国大学大学院指導教授発令書」一八八九（明治二二）年七月一〇日、石関敬三・紅野敏郎編『大西祝・幾子書簡集』教文館、一九九三年）。翌年に井上哲次郎がヨーロッパ留学から帰国し、帝国大学教授に就任したことから彼の指導を受けることとなった。

『良心起源論』
（出典）『大西祝全集　第5巻』日本図書センター、2001年、扉

さて、倫理学を専攻した大西がテーマとして選んだのが「良心」である。後に「良心起源論」としてまとめられるこの論文は、一八九〇（明治二三）年頃に執筆を開始したと見られる。だが、「良心起源論」を一度大学に提出し、なおかつ、紀要の掲載を承諾したにもかかわらず、大西は原稿を手元に置いており、それを再提出することがなかった

〈大西宛の元良勇次郎書簡、一八九三〈明治二六〉年五月四日、前掲『大西祝・幾子書簡集』〉。その理由については、構成上の問題を解決できなかったこと〈前掲『大西祝とその時代』〉や井上との「ぎくしゃくした関係」〈傍点—原文。小坂国継『明治哲学の研究——西周と大西祝』岩波書店、二〇一三年〉などが指摘されるが、はっきりしたことは分からない。ただし、大西は、自筆の草稿に大幅な増補や改訂を加えていたことからも、公刊の意志は持ち続けていたと考えられる〈前掲『明治哲学の研究』〉。

いずれにせよ、「良心起源論」がまとまった形で公表されたのは、大西の死後に出版された『大西博士全集』第五巻〈警醒社、一九〇四年〉収録時である〈全集版には無数の変更や校訂者によると思われる数行の削除ないし加筆が見られる〉。ただし、一八九一〈明治二四〉年から一八九七〈明治三〇〉年にかけて、約三分の二を『哲学会雑誌』『六合雑誌』などに発表し、なおかつ、掲載文の切り抜きに書き込み修正している〈堀孝彦『大西祝「良心起源論」を読む——忘れられた倫理学者の復権——』学術出版会、二〇〇九年〉。また、一九〇〇〈明治三三〉年一二月八日に開催された大西の追悼会でも、「良心起源論」の一部が朗読された〈『読売新聞』一九〇〇年一二月一〇日付〉。

「良心の作用」をめぐる検討

「良心起源論」の構成は、「緒言」、「第一章　良心とは何ぞや」〈全集版では「前編」〉、「第二章　良心の起源」〈同「本論」。「批評部」と「建設部」から成る〉、「第三章　倫理学上此論の価値」〈同「余論」〉、「附録　良心作用の対境たる動機、意趣幷行為」である。

大西は、良心を「心識」という言葉を用いて説明する。これは「独逸語のベヴストザイン（Bewußtsein―引用者）の意にて用う。即ち何にても心に覚知することは、皆心識の一部分たるなり」、つまり、「意識」や「自覚」を意味していた。

さて、まず検討するのが、ある行為を行う前（決行前）における「良心の作用」である。この作用には、「禁止的」と「奨励的」の二つが存在し、前者はある行為を止める心識（「シテハナラヌ」）、後者は反対にその行為を促す心識（「セネバナラヌ」）である。一見すると、これらの心識は対立しているが、実は「良心の作用」の表と裏である。これらの作用を「良心の命令」と呼び、その命令する事柄を「義務」とする。しかし、義務を外部の束縛や外部の押し付けとは考えない。「内部より我心が自ら我心に負わする一種特別の束縛」であり、「道徳上の束縛」にほかならず、「我をして真理自由の保護者たらしむるの場合少なからざる」ものでもあったからである。

一方、行動の後（決行後）に生じる良心の作用として、善悪の行為に対する道徳的な快・不快の感覚と義務を「果たした・果たせなかった」という心識に伴う快・不快の感覚がある。感覚という点では類似しているが、両者は区別可能である。前者の感覚（「道徳的の感覚」）は、自他関係なく全ての行為に対して発せられるものだが、後者の感覚は「自身が義務を果し或は果さざりし時にのみ限れる感覚」だからである。つまり、他人が義務を果たしたか否かを見て快・不快の感覚を抱く場合もあるが、それは「想像」に過ぎず、後者とは一線を画す。

以上の良心の作用の検討を通じて、これは「知」「情」「意」の結合であるとの見解を提示するとともに、いずれかに引き付けて理解するのは誤りであり、また、これら以外に良心の作用を求めるのも正しくない。その上で、良心を「道徳的の心識とも名け得べくして、吾人が心の全体の作用（即ち知情意より成れる作用）に外ならず」と定義した。

「良心の作用」の結果

ところで、良心の作用をめぐり、時と場所などによってそれが変遷するのか否かが度々議論されてきた。大西は、人間の心識の発達に伴って、その作用が変化することを認める。ただし、良心の起源を社会の慣習、風儀、法律などに帰することができるという解釈には否定的である。そもそも、社会の慣習、風儀、法律などは、良心に先立って存在しているのではなく、反対に良心の作用がそれらに反映されていると見るのが妥当だからである。要するに、社会で善悪として認められ、それが制度や法律として定められているのは「良心の作用の結果」にほかならない。

また、社会の制裁あるいは「外界の強迫（良心の作用を仮定せざる所の制裁）」が、ある行為の実行を思い止まらせるという見解にも疑問を呈する。もちろん、それらが良心と一切の関わりを持たないのではない。「外界の強迫」「社会的性情」が、良心の発達に欠くことができないからである。とはいえ、あくまでそれらは良心の起源ではなく、「良心を生長せしむる肥料」として位置付けられるにとどまる。

「本来の目的」・「理想」・良心の関係

良心論をめぐる諸説の検討を踏まえて、自らの意見を展開する。ここでは良心を「理想」と関連させて論じる。「理想」とは、「吾人がそれに対する善若しくはあらねばならぬてふ心識」を伴うものであり、「想像」とは区別される。それでは、なぜ「理想」が生じるのか。それは、人間が「人間たるの性を完うせざる者」である点に起因する。したがって、「理想」に向って進む道程は「本真の性」に帰ろうとする、要するに、人間が有する「本来の目的」を達成しようとする営みにほかならない。そして、「吾人の本来の目的に対して吾人の有する関係が我心識に現れて我が生活行為の理想てふ一種の観念を生じ、而してそこに良心てふ作用を発起し来る」と述べるように、人間の「本真の性」に「契合」あるいは「違背」するかによって、「善悪の判別」という良心の作用が生じるのである。

だが、人間にとっての「本来の目的」については、純理哲学の領域であることを理由に深く立ち入らない。この点が「良心起源論」は未完であると見られる一つの原因となっている。「本来の目的」が明らかにならない限り、理想も明らかとならず、結局、良心の起源に迫ることができないからである。これを「原理的な破綻」とみるか、それとも体系的に論じる時間的余裕がなかったとみるか、評価が分かれる（前掲『明治哲学の研究』）。

前述のように、「良心起源論」は再提出されなかった。そして、大西は一八九一（明治二四）年に大学院を去ると同時に東京専門学校（早稲田大学の前身）文学部文学科で教鞭を取り、一八九七（明治三〇）年に文部省からヨーロッパ留学を命じられるまでその任を務めた。大西の感化を受けた学生として、金子馬治、島村抱月、綱島梁川、朝河貫一らがおり、没後に出版された『大西博士全集』（警醒社、一九〇三・〇四年）は、彼らの手によって編集された。

「良心の意義を論ず」

大西は、「良心起源論」中「第一章　良心とはなにか」の続編・姉妹編として、「良心の意義を論ず」（『六合雑誌』第一六六号、一八九四年一〇月）を発表している。「良心起源論」を補完するのみならず、次節で取り上げる「教育と宗教」論争とも少なからず関わるため取り上げたい。

まず、良心は多義的に理解されているが、自らは倫理学上の用語として取り上げると明言した上で、良心を特定の観念と結び付けるのではなく、「善悪、正邪、義務（せねばならぬ事又してはならぬ事）の観念弁別」に関係するものとして、広く解釈する必要がある。また、良心を一定不変で無謬であると捉えることにも疑問を呈する。そもそも、良心と呼ばれる心的現象は非常に複雑であり、それを捨象して「単一の能力」として捉えることが困難だからである。また、良心と習慣の関係についても言及しており、習慣が遺伝するのかどうかは詳しく論じていないものの、「善悪正邪義務の観念弁判別に関する者」として良心を捉える場合、その内容が時代により、あるいは人によって変化することは疑いないとした。

このように、自らの良心理解を示し、それは発達するものであると論じて、次の通り結論付けた。

良心を云うに、㈠或は之を道徳上最高の規律を掲ぐる者として見るを得べく、㈡或は之を常識に具(そな)われる全くは判明ならぬ幾多の規律を掲ぐる者として見るを得べく、㈢或は之を個々の場合に於て善悪正邪為すべし為すべからずの判別を下し又その如き場合に於て行為を為したる時に覚ゆる満足又は不満足の心として見るを得べく、㈣その如き個々の行為に就いて判別を下すにも特に久しき習慣により其判別の或一定の方向に傾きて殆(ほとん)ど直覚的になさるる者をば指しても云うを得べし。之を要するに第一義の良心を明にし以て第二、第三義の良心を指導し統一し又以て遂に第四義の良心をますます進歩したる形に造りなすの必要を見るなり。

最終的に良心を「道徳上最高の規律」と位置付けている点は、次節で取り上げる教育勅語をめぐる彼の認識を理解する上で重要な意味を持つ。要するに、大西が教育勅語を「道徳上最高の規律」と見ていないことの表明にほかならない。

3　「批評主義」を掲げて

「批評」の意義

大西が最初に「批評」を主題に取り上げたのが、「批評論」（『国民之友』第二一号、一八八八年五月）である。これはM・アーノルド（Matthew Arnold）「現代における批評の任務」の考えに示唆を受けたものである（前掲『大西祝とその時代』）。彼の「批評主義」は、カントの「批判哲学」とアーノルドの「批評主義」が組み合わさることで成立したが（前掲『大西祝とその時代』）、後者に関しては、同志社在学中に山崎から学んだと考えられる。そもそも、山崎は日本人が私学においてアーノルドの批評学を最初に教えた人物といわれており、また、開成学校在学中にはその著作の一つを邦訳していた（高橋光夫『生誕百五十周年記念　山崎為徳伝』二〇〇七年）。

さて、「批評論」では、まず、詩人もしくは創作家と批評家の関係に触れながら、批評家と批評の役割について論じる。批評には「将来を指揮するの力」が存在し、それが創作家にとって有益である。つまり、批評と創作は別物ではなく、創作のためには批評が不可欠である。日本は創作の時代に入ろうとしているが、その前に奮起しなければならないのが批評家である。彼らは「社会に飛奔する種々雑多の思想を判別批評して其真価を明にし以て当時の思想界に先だつ者」であり、「草を耨り土を反し種子を下して以て将来の文華を招き来す者」だからである。

批評の意義は、「方今思想界の要務」（『六合雑誌』第一〇〇号、一八八九年四月）でより明確となる。「混沌錯雑」した思想界に対して今必要なのは批評であるが、それは「破壊」と同時に「建設」もしっかりと見据えておかなければならない。

> 批評は破壊に次ぐに建設を以てせざれば其批評は寧ろ有害なるも決して益あることなけんされば我国今日の混沌たる思想を判別批評するは畢竟するに之に次ぎて思想の新世界の建設せられんことを望めばなり故に批評的の要務に次で建設的の要務なくんばあらざるなり
>
> （傍丸―原文。以下、特に断りのない限り同じ）

このように、「建設」を視野に入れた批評のあり方を掲げている点が、大西の「批評主義」を特徴付けている。

続いて、「批評心」（『中央学海雑誌』第二巻第一号、一八九三年一月）を取り上げたい。「批評論」「方今思想界の要務」の発表から四年以上が経過し、その間に大日本帝国憲法が公布・施行され、帝国議会も開会した。近代国家の体裁が整えられた時代に、なぜ再び批評を論じたのか。それは構築された国家体制に批判的な人物が権力によって抑圧されている現状、具体的には、内村鑑三の不敬事件や「教育と宗教」論争を念頭に置いていたと考えられる。

大西は、改良や革命を叫ぶ人々を「不平家」と呼んだ上で、「若し彼輩（かのはい）なくば社会は変動の分子を欠かん又それと共に進歩の分子を欠かん」と述べて、社会の進歩にとって、不平家の存在を欠くことができないとした。確かに、国家にとって「良民」は必要だが、これらの人々は現状に対して「保守の傾向」が強く、その意味で「社会の惰性」を代表している勢力でもある。それに対して、不平家は進歩主義を代表する。社会にとって、保守と進歩の両方が必要だが、実際には進歩派（不平家）を抑圧する傾向が強い。そして、その弊害として、改めるべき点を徹底的に破壊できないことを挙げた。本来は、その破壊のために、攻究（心）や批評（心）が必要だが、それを回避して応急処置を繰り返すばかりである。これでは国家の安泰など到底望めない。こうした現状分析に基づいて、「破壊の時代は終わり、今や建設の時代に入った」という見方に対して、

> 根本的の批評を遂げずして只管（ひたすら）速成的の建設を急がんとするが是れ今日の弊風にあらずや（中略）大建設は根本的批評の上に基ゐせざる可らず風儀習慣権勢の尚（な）ほ批評すべき者頗（すこぶ）る多し予は彼の

口に国家を憂ふと云ふ人々の似非（にせ）非建設を急いで批評を抑へんとするの傾あるを歎ぜずばあらず特に道徳の観念に於て然りとす。

と真っ向から反論した。末尾の文章からも、「教育と宗教」論争を念頭に置いていることが窺い知れる。

「教育と宗教」論争の発端

「教育ニ関スル勅語」（教育勅語）は、一八九〇（明治二三）年一〇月に明治天皇が山県有朋首相と芳川顕正文相に与えて、翌日文部省訓令によって周知される形で渙発（かんぱつ）された。勅語は、「忠孝」を国民道徳及び倫理の規範であることを強調した。大西の大学院時代の指導教授である井上哲次郎は、一八九一（明治二四）年に教育勅語の注釈書である『勅語衍義（えんぎ）』を刊行し、「勅語ノ主意ハ、孝悌忠信ノ徳行ヲ修メテ、国家ノ基礎ヲ固クシ、共同愛国ノ義心ヲ培養シテ、不虞（ふぐ）ノ変ニ備フル」にあると説いた。

さて、井上の「宗教と教育との関係につき井上哲次郎氏の談話」が『教育時論』第二七二号に掲載されたのが、一八九二（明治二五）年一一月である。井上はキリスト教を無国家的、現世を軽視する傾向、無差別的の愛、忠孝の軽視などと評した。これに対して、本多庸一「井上氏の談話を読む」（『教育時論』二七六・二七七号、一八九二年一二月一五・二五日）、横井時雄「徳育に関する時論と基督教」（『同志社文学』五九・六〇号、一八九二年一一・一二月）などが相次いで発表された。これらを受けて、井上は「教育と宗教の衝突」を『教育時論』に連載し始めたことで、さらに反響を呼んだ。

井上に最も強硬に反駁したキリスト教者は、『排偽哲学論』(民友社、一八九三年)を刊行した高橋五郎である(高橋昌郎『明治のキリスト教』吉川弘文館、二〇〇三年)。そして、教育関係者や仏教学者らも加わり、キリスト教の排撃気運が高まった。これに対して、キリスト者(大西、内村鑑三、植村正久、柏木義円、高橋ら)が反論した。

教育勅語と倫理

さて、大西は倫理学の立場から「忠孝」を検討する。まず、その存在意義を認める。「人類存在の目的」を実現するために、人間は「倫理的機関」(社会や国家)を組織するが、それには臣子が「君父の権」に従う必要があるからである。そして、この「倫理的機関」の運転に「忠孝」が必要になる。だが、それは社会道徳の全体を蔽うものでなく、またその基本でもない。あくまでも、「人類存在の目的」を成就する上で必要なのであり、「忠孝」それ自体が絶対的価値を有するものではない(「忠孝と道徳の基本」『宗教』第一五号、一八九三年一月)。

次に、教育勅語の理解である。勅語は「国民の守るべき個々の徳行を列挙したる者」であり、倫理を定めたものではない。むしろ、倫理的意味を付与することで、その効用が低下する恐れがある。また、個々の徳行も、倫理学の立場からみれば、決して「絶対」的なものではない。それでは、教育勅語はどのように位置付けたらよいのか。

国民としては其元首を敬して国家の統一を計るが、先づ国民としての義務の須要なる所なり、又子として一家に生るれば、先づ親を敬愛するがその子としての徳行の須要なる所なりと云ふ程の意味に解するが、最も妥当ならんと考ふ。

（「私見一束　教育勅語と倫理説」『教育時論』第二八四号、一八九三年三月）

このように、大西は教育勅語の存在を否定していない。国家が人類の進歩に関与するという認識に基づき、国家の統一は疎かにできない課題の一つとして位置付けており、教育勅語がその実現に一定の効果を有することを認めているからである。したがって、井上の『勅語衍義』を念頭に置きつつ、教育勅語の注釈は「可成手近き註釈に止めて、倫理説上根本的の所に迄は論じ及ぼさゞるが、却て勅語の趣旨にかなふ者ならんと考ふ。要は専ら実例に照して、以て実行を励ましむるにあり」と述べた。つまり、詳細な注釈は、注釈者の主観が入り込むおそれがあり、なおかつ、絶対的・固定的に解釈することによって、時代にそぐわない状況が生じかねない。「若し時勢を異にせば、忠孝の説き様をも異にして、以て其当時の社会の進歩に悖らざらんが、是れ勅語の本旨なるべし」というように、柔軟な解釈こそ必要であると考えていたのである。

井上哲次郎に対する批判

このように、教育勅語についての私見を提示した上で、一連の論争について、「勅語を以て倫理上の主義の争を為すは、不可也。倫理主義の争は、之を個人間の自由の討究に委ねて可なり、若し勅語を楯に着て、倫理説場裡に争はんとする者あらば、予は之を卑怯なりと云はん」と痛烈な批判を浴びせた。名前こそ明示していないものの、「卑怯」な人物として彼の脳裏に井上の姿が浮かんでいたことは想像に難くない。しかし、彼は論争を回避せよと説いたのではない。むしろ、黙して語らずの態度よりも、徹底的に論争することが真理の発見ために有益であることを認めていた（「私見一束　耶蘇教問題」『教育時論』第二八四号、一八九三年三月）。

だが、目の前で繰り広げられる論争は、何をめぐって争われているのかが判然としない。もっとも、その原因の一端がキリスト者側にあることも認める。確かに、国家を軽視する人もいれば、天長節や紀元節に「天皇万歳」を叫ぶ人もいるからである。さらに、「礼拝」をめぐり誤解が生じており、形式を重んじるあまり、いかなる対象にも頭を下げないというキリスト者が存在しているのも事実である。とはいえ、その行為や考えに対する批判とキリスト教の教義を批判することは区別しなければならない。それに、キリスト教は国体に反するというのも誤解である。聖書の言葉を前後の脈略を無視して取り出せば、そういった解釈も不可能ではないと述べつつ、実際にそうした恣意的な解釈を井上がしていることを次のように批判する。

予が井上博士の論を見たる限りに於ては、バイブル中の文句を其前後の正当の関係より、其真実の精神より引き離して、此れが忠孝に反す此れが直後に反すと論ぜられたる所あるを見る。予は博士の為に惜まずんばあらず。何となれば此の如きの論は浅薄の譏（そしり）を免れざればなり。

（「当今の衝突論」『教育時論』第二九五号、一八九三年六月）

こうして大西は、「忠孝」道徳や教育勅語の位置付けに対して、倫理学の立場で真っ向から反論を加えた。それは勅語の実質的な「形骸化」を図るものであり、政治権力が要求する「臣民像にたいする根本的な疑問をおこした」といえる（鹿野政直「臣民・市民・国民」『近代日本政治思想史Ⅰ』有斐閣、一九七一年）。

4 絶え間ない「問い」

大西の良心論や「批評」論などを通じて浮かび上がるのは、彼があらゆる事物に対して絶えず「問い」を発し続けていたことである。それは、ややもすれば絶対的・不変的・固定的なものとして理解されやすい宗教上の教義をはじめ、「常識」や「定説」として世の中に浸透している事物を相対化する営みでもあった。その意味では、大西の学問上の「批評主義」は、この絶え間なく「問い」続ける態度と結びつくことで、より実践的なものとなった。

これを可能としたのは、矛盾・変化が進歩の原動力となるという理解にある。大西は、社会は「永久に一状態に静止すべき者にあらず、変化せざる可らず、生長せざる可らず」（「当今の衝突論　其二」『教育時論』第二九六号、一八九三年七月）という認識に基づき、矛盾、衝突、撞着は変化を生じさせ、そして、それが進歩の原動力となり得るという理解に達していた。人間は「有りとあらゆる傾向の全く相融会したる窮極の一致」を目指して「一状態より他の状態へ昇りゆく不休の活動」を続ける。そこに進歩がある。だが、「窮極の一致」や「高等なる調和（殊に其調和の真味）」は、衝突なしに実現できるものではない。だからこそ、大西は、矛盾や衝突を否定的に捉えず、むしろ、それらは「国家の永久の利福と進歩」にとって不可欠であると考えていたのである。

絶え間なく「問い」続ける態度と進歩を信じる態度の間の矛盾を指摘したり、批判したりするのは容易である。だが、こうした特徴を有する大西の「批評主義」が、現代においても全く色褪せていないのも事実である。むしろ、今日こそ、この立場が重要な意味を持っている。人々が大量の情報を容易に入手できる環境が整う反面、それに流されやすい状況も確かに生まれている。そこでは物事の本質を捉えることが非常に困難となりつつある。その結果、何らかの問題が起こったとしても、問題の本質に対する「問い」が発せられず、多くの場合、時間の経過とともに、物事を曖昧なままに葬り去ってしまう。

このような現状を前にした時、大西の「批評主義」が示唆に富むものであると改めて気付かされる。特に、「方今の思想界の要務」で強調しているように、「批評」は「破壊」後の「建設」を視野に入れなければならない、つまり、「批評」それ自体が目的化してはならないという指摘は重要である。現象の表層ばかりが取り上げられて、物事の本質に迫る「問い」が発せられず、また、目指すべき方向も示されず、薄っぺらな批判（大西の説く「批評」とは本質的に異なる）が氾濫する今日、「批評主義」は今なお一考の価値を有する。

参考文献

平山洋『大西祝とその時代』日本図書センター、一九八九年

石関敬三・紅野敏郎編『大西祝・幾子書簡集』教文館、一九九三年
堀孝彦『大西祝「良心起源論」を読む——忘れられた倫理学者の復権——』学術出版会、二〇〇九年
小坂国継『明治哲学の研究——西周と大西祝』岩波書店、二〇一三年
片山純一『大西祝——闘う哲学者の生涯——』吉備人出版、二〇一三年
大西祝・小坂国継編『大西祝選集』（全三巻）、岩波文庫、二〇一三—二〇一四年

第9章　山室軍平――「神と平民の為に」

室田 保夫

山室軍平（やまむろ・ぐんぺい　一八七二―一九四〇）は、明治維新間もない一八七二（明治五）年七月二九日、岡山県阿哲郡哲多町で農業を営む家庭の八人兄弟の末子として生まれた。九歳の時、県下吉備郡足守町で質屋を営む叔父の杉本弥太郎の養子となるが、東京に家出をして活版工として働く。築地福音教会でキリスト教に接し受洗する。そして徳富蘇峰の講演を聞き新島襄に憧れ同志社で学ぶことになる。

山室軍平肖像

（出典）『心は神に 手は人に 救世軍日本開戦100年記念写真集』救世軍本営，1997年

山室は一八九五（明治二八）年九月、来日した救世軍（Salvation Army）に入隊し、日本人初の救世軍士官となる。一八九九年には不朽の名著『平民之福音』を刊行する。救世軍は近代日本が富国強兵策を機軸に近代化を遂行していく過程で、時代や社会から取り残された民衆に光を当てていった。救世軍の創設者

W・ブースが英国ビクトリア朝時代のロンドンのスラム街で「最暗黒の英国」の実態をみたように、山室も日本の近代化の中で、貧困に喘ぐ民衆、貧しさゆえに遊廓に売られゆく少女、病気で苦しむ人々、すなわち近代化から取り残された「最暗黒の日本」をみた。その暗黒に向けて山室は光を当てていったのである。

一九三二(昭和七)年七月、還暦を祝う席上、安部磯雄は山室を「同志社の本流」、「新島先生が出来なかったことを為している」と述べ、永井柳太郎は同志社から「日本国民の暗黒を照らす明星」と言える山室を出したことは「大政治家、大学者を出したよりも喜ばしいことである」(『ときのこゑ』八七一号)と評した。「神と平民の為に」生きた山室はアジア太平洋戦争の勃発する前年、一九四〇年三月一三日、六七歳で天に召された。以下、「山室軍平の救世軍か、救世軍の山室か」とも呼ばれた山室の生涯、その生き方、思想をみていく。

1　岡山、東京、そして同志社

岡山から東京へ

山室が生まれた一八七二(明治五)年という年は、学制の発布、太陽暦の採用等、明治の新しい改革の年であった。山室が生まれた故郷は山間の地で、海からも遠く離れ交通もかなり不便な所であった。軍平の健康と無事を祈念して、母が貴重な栄養源である卵を生涯一切食しない、すなわち「卵絶ち」という「願掛け」をする。必死に祈念する母の姿は彼の脳裏から離れず、この母の原像が故郷の原風景と共に彼の心底深く澱んでいく。

学制の発布とともに彼は弘業小学校（現、本郷小学校）に入学する。校長は、後年「第二の父」と呼び尊敬した吉村隆造であった。山室は小学校を了え、岡山県下足守で質屋を生業とする叔父杉本弥太郎家の養子に出される。質屋を家業とする家族の一員となったことから、当然多くの生活困難な家族、貧しい人々の生活を垣間見ながら成長していった。また山室は、松浦黙の塾で『陰隲録』『功過格』といった善書や漢学を、家では義父から『経典余師』によって四書五経を学んだ。しかし、将来さらなる学問の機会を期待していた山室の願いは養父に聞き入れられず、大志を抱いて東京に向け家出する。

キリスト教の受洗

見知らぬ東京の地で山室が訪れたのは、三島中洲の設立した二松学舎で塾長をしていた足守出身の松浦鳳之信という人物であった。松浦から築地活版製造所の職工という就職口を紹介してもらう。向学心に溢れていた山室にとって、その職場は低賃金であったが、少しでも本や活字に触れる機会を持てることで、学問への渇望を些少とも満たしてくれる空間であった。また彼は早稲田専門学校や英吉利法律学校の講義録を入手し独学する。当時S・スマイルズの著“Self Help”（中村敬宇訳『西国立志編』）を読み、立身出世の大望を抱いていく。

しかし、東京での不慣れな生活は、一八八六（明治一九）年の吉村校長宛の書簡に「斯クノ如クニシテ活版所ノ内ニ数年ヲ過セル間何時シカ歯モ十七歳ニ達シ金モ始メヨリハ多ク得出シ東京ノ風俗ニモ浸漸シ来リシ」その時、「放蕩ナル男工淫猥ナル女工ニ誘ハレ将ニ肉欲ノ濁界ニ今ヤ其ノ足ヲ投ジ入レ殆ンド生涯ヲ過ルノ端緒ヲ此時ニ開カン許ノ時ニ達スルニ至リタリ」（『山室軍平選集』書簡集）云々とあるように、精神的にも危機的状況であった。

そうした時、キリスト教の路傍伝道に出会う。これを契機に山室は「築地福音教会」に足繁く通い、短期間でキリスト教を理解し、一八八八（明治二一）年九月に洗礼を受けた。民衆にも分かる平易なキリスト教の必要性を自覚したのもこの頃である。その教会の青年会活動の一環として当時『国民之友』を刊行していた徳富蘇峰を講演に招き、彼から新島襄の話を聞き感動し、すぐに上洛する。同志社での夏期学校に参加し、一八八九（明治二二）年九月に同志社の予備学校に入学した。

同志社での青春と初志

同志社時代、山室は三年間の邦語神学課程に進まず、同志社普通学校を目指したため大変な苦学生であったが、先輩の吉田清太郎らの援助によって学窓生活を送る。同志社にて小崎弘道、金森通倫、柏木義円、ラーネッドら優秀な教師から教育を受け、神学のみならず経済、政治、社会、作文等多くのことを学んだ。しかし山室は新島を理想的な人物、完全な人物、かつ慈善家ともみていたが、新島は、山室が入学した翌年一月に亡くなり、一度も面晤することは叶わなかった。当時、山室は新島への追悼文を「謹ンデ其遺志ヲ継ガンコトヲ其在天ノ霊ニ誓フ」（『同志社文学会雑誌』三一号）と結び、新島の遺志の継続を披瀝している。

ところで同志社時代、山室が生涯の天職とした「平民伝道」への志は熟していく。また岡山孤児院の石井十次とは入学当初より関わりをもつことになる。山室は一八九二（明治二五）年、石井が同志社病院入院中、W・ブースの著"In Darkest England and The Way Out"を山本徳尚が訳していくのを、横で筆記した。山室を知るキーワードの一つは「平民」であり、同志社時代の社会観やキリスト教観が生涯の思想の根幹となっており、それを当時の日記や小論からみておこう。

一八九三（明治二六）年の彼の日記には「曰学術講演会ヲ開テ労役者ニ切用ナル智識ヲ与フルコトニアリ」、「雑誌ヲ興シテ一方ニハ労役者ノ智徳ヲ進メ一方ニハ労役者ヲ代表シテ上中社会ノ人ニ対スルコトナリ」、「禁酒会ヲ興シ廃娼論ヲ称エテ社会殊ニ下等社会ヲ改良スルコトナリ」等々と記され、山室は民衆と接し、現実の社会で不合理な点があれば改良していくという視点をもっていた。山室の同志社時代の仇名が「社会党」であり、こうした視点に後日の救世軍入隊への思想的素地が窺える。また同志社時代の日記にある「日本魂ニ授洗スベシ」という文章では「日本魂ハ曰忠君　基督教ハ曰敬神」、「日本魂ハ曰高義　基督教ハ曰仁愛」、「日本魂ハ曰愛国　基督教ハ曰博愛」と記し、「日本魂」はキリスト教と融合することによって「新しい果実」を結ぶと指摘する。そして「願クハ日

同志社時代（後列左が山室）

（出典）『心は神に　手は人に　救世軍日本開戦100年記念写真集』救世軍本営，1997年

本魂ノ俠骨ニ授洗シテ所謂吉田松陰ニ授洗セル底ノ活人物ヲ生ミ、花ヲシテ実ヲ結ブノ因トナルニ至ラシメンコトヲ」と認めている。山室のキリスト教観は、社会の底辺民衆への共感に根ざし、キリスト教の真の日本への土着化のためには「日本魂」との接点を必須条件とするものであった。この時期のみずみずしい思念は生涯、持続していくことになる。

「無名ノ英雄」「無名ノ豪傑」

一八九二（明治二五）年二月、山室は『同志社文学会雑誌』に「完伝道者」を発表する。現実の伝道者を批判し、理想的な伝道者を渇望する彼の伝道への情熱を知ることができる重要な論文である。

> 嗚呼伝道者ナル哉、伝道者ナル哉、上一天万乗ノ王者ヨリ下茅屋破窓ノ貧農ニ至リ、在野在野ノ有力者ヨリ一町一村ノ有志家ニ至リ、馬車ニ乗リテ横行スル者ヨリ馬ヲ曳テ夜山ヲ越ルノ人ニ至リ、牛を食フテ酒ヲ飽ク者ヨリ牛ヲ駆テ暁ニ野ニ耕スノ人ニ至リ、官吏書生兵士医師記者教師ヨリ工商車夫ノ輩ニ至ル迄之ニ授ルニ生命ノ麺麭ヲ以テシ、之ヲ導テ生命ノ水ヲ飲マシメ、窮スレド盗マズ、貧スレドモ貪ラズ、富ンデ傲ラズ、貴クシテ高ブラズ、義ニ立チ愛ニ歩ミ、命ニ安ンジ天ニ委ネ、俯仰愧ルナキノ人トナリ、死生道ニ因ルノ民タラシメ、終ニハ五洲ヲ挙テ一丸トナシ、潔メテ至上者ノ祭壇ニ献納スルノ最大責任ト最大使命トヲ之ガ両肩ニ担ヘル者ハ其レ真正伝道者ニアラズヤ

ここには伝道者として、あらゆる階層の人々を対象とし、とりわけ「茅屋破窓ノ貧農」に至るという

表現に、底辺民衆の照射が的確に表現されている。ともすれば日本のキリスト教は下層の人々まで光が当てられなかったが、山室はこの明治二〇年代中葉にその思想を獲取していることに注目しておこう。そして伝道者としてあるべき理念を明確に披瀝している。

さらに先述の吉村校長宛の書簡には、「彼ノ水車ヲ動カスノ水モ固（も）ト木ノ葉ノ下ニ潜（もぐ）ルナリ、我寧（むし）ロ名アル豪傑トナル能（あた）ハザルモ、隠レテ無名ノ英雄、無名ノ豪傑タルヲ勉メン哉、汽車ヲ動カスノ石炭ハ身ヲ焼キテ其（その）力トナレドモ観ル人極（きわめ）テ稀ナリ、今日本ハ実ニ此人ニ知ラレズシテ働クノ石炭、人ニ気付ケラレズシテ尽ス人形遣ヒヲ要スルノ日本ナルヲ信ズ」（『山室軍平選集』書簡集）と認めている。山室は世間の利を棄て、神の命ずるままに生き、そして平民伝道者として日本のため「名ある豪傑」より「無名ノ英雄」「無名ノ豪傑」たらんと覚悟している。無私の精神でもって民衆と国家に奉仕する骨太な明治人の覚悟が感じられる。野心の裏返しともとれる思念、覚悟が一〇代の山室にはあった。

同志社中退――「如何に生くべきか」

山室の同志社時代、日本のキリスト教界はユニテリアン等の新神学の影響を大きく受けていた。近代科学の合理的な解釈は聖書無謬（むびゅう）説のオーソドックスな神学を否定し、そのため多くのキリスト者は信仰の揺らぎを経験する。同志社の金森通倫は一八九一（明治二四）年に『日本現今之基督教並ニ将来之基督教』を、後に横井時雄も『我邦の基督教問題』を著し、新神学の旗幟（きし）を明確にした。山室は、そうした状況下で信仰の動揺から足元が崩れていくような経験をする。さらに学問探究への疑問を感じ

「如何に生くべきか」を問い、同志社を飛び出す。

一八九四(明治二七)年六月、同志社を中退した山室は、高梁教会で半年間の伝道奉仕、宮崎の石井十次の茶臼原でも半年間、孤児と共に農業生活、そして今治教会で伝道したあと、岡山で石井に会い、「職工軍団」を組織していた伊藤為吉の許(もと)で大工となるために東京に戻る。

近代日本において初めての大きな戦争であった日清戦争が終結して間もなく、横浜の港に風変わりな着物姿の男女の西洋人十数人が降り立った。彼らは楽器を鳴らし町を行進していったが、その奇異な姿に人々は驚いた。英国ロンドンに本拠をもつ救世軍の初来日の光景である。救世軍とは一九世紀の英国でW・ブース(一八二九—一九一二)によって創始されたプロテスタントの一教派である。救世軍は国際主義でもって各国に伝道し、来日したのである。同志社を飛び出し各地を遍歴し、山室が東京に戻るのと救世軍の来日とは偶然にも同時期であった。まさにこの偶然は神の導きとでも形容されるべきか。山室は救世軍の下足番から始め、一八九五(明治二八)年一一月三〇日、正式に入隊した。

一八九九(明治三二)年六月に山室は婦人矯風(きょうふう)会員でもあった佐藤機恵子と結婚する。救世軍は夫婦での活動が常識となっており、山室にとって機恵子は信仰の良き理解者であり同志であった。そして新婚を祝しての二週間の休暇で、山室は、「私は一箇の労働者である」から始まる不朽の名著『平民之福音』を執筆する。この平民伝道への思いは以前から培ってきた彼の信条である。爾後、その視点でもってキリスト教伝道や社会事業、そして廃娼や禁酒運動等の活動を展開していく。

2　社会運動——廃娼運動を中心に

自由廃業運動

近代日本の廃娼運動は一八七二(明治五)年のマリヤ・ルーズ号事件が契機となり、いわゆる「娼妓解放令」が公布されたが、公娼制度は継続していった。一八八六(明治一九)年、矢島楫子の創設になる東京婦人矯風会(後の基督教婦人矯風会)等がその運動を担っていたが、明治三〇年代になって、北海道函館の酒井ウタの判決、名古屋の宣教師マーフィー(モルフィー U. G. Murphy)の裁判闘争、東京毎日新聞社の島田三郎らの後押しもあり、自由廃業運動が展開され、廃娼運動は大きな転換点を迎える。山室はマーフィーと連携を取りながら救世軍でもってその運動を展開していった。また一九〇〇(明治三三)年一〇月に「娼妓取締規則」が発布され、娼妓が束縛された身分から自由意志が尊重されることとなった。

山室は機関紙『ときのこゑ』の編集を一五号から任されるが、一九〇〇(明治三三)年八月一日発行のそれを「醜業婦救済」の特集号とした。巻頭論文は山室の「女郎衆に寄る文」であり、直ちに今の職を辞め、正業に就くことを推奨している。またブラード大佐も、「醜業婦救済所は苦しい勤めに身も心も疲れ果て、然りとて借銭の高は益々加はり、何時自由が得られるといふ見込みがなくて、世にも憐れなる毎日を送って居る婦人たちを救ふ為に設けたる所であります。我輩は然う云ふ婦人に代って出るべき場所へ出で其明りを立て、自由の身と為れる為に義の戦ひを致し、又其廃業したる後を引受て、之を正業に復らする為に働き升」と娼婦たちに呼びかけた。また次号には「芳原の珍事」として、「神田と本郷の連合軍は、矢吹大尉の指揮の下に堂々として芳原の遊廓に侵入し、盛んに醜業婦救済所設立の趣意を証明し、又鬨聲を売つて居ますると、忽ち数十人の暴漢が現はれ出で、大尉等の一隊一二人に打てかゝり、太鼓を破り、旗を奪ひ、而して数人の士官兵士の頭に傷をつけましたが、何分場所が場所とて其事が一事に東京市中の評判となり、現に各新聞に出ました報知の切抜の、私しの手下にあるもの許りでも七十余枚に達して居る程である」と報告されている。こうした事件は頻繁であり、山室も大けがを負うこともあった。救世軍は勇敢に廃業の決断をした娼妓たちの生活再建の方途を用意する。それには妻の機恵子が担当した「醜業婦救済所」（「婦人ホーム」）の設置があった。当初、その運動によって多くの娼妓の廃業者が出たが、返済義務がある借金は残ったままとなり、元の娼妓の職に戻らなければならないケースも多くあったことも事実である。

廓清会と『社会廓清論』の刊行

一九一一（明治四四）年に吉原遊廓の火事を契機に廓清会が創設される。この会は公娼制度廃止への闘いが主眼に置かれ、その主意書には「公娼の制度は昭代の一大汚点なるが故に、断じて之を廃絶せざる可からず」（『廓清』一号）と、制度そのものの改革を目的とした。当然、山室もこの会に賛同の意を表した。会長に島田三郎が、副会長に矢島楫子と安部磯雄が、顧問として大隈重信が就いた。また山室は妻機恵子と共に評議員に名を連ね、他に救世軍関係者として矢吹幸太郎や山田弥十郎、婦人矯風会の林歌子や徳富久子、そして井深梶之助、植村正久、小崎弘道、浮田和民、島貫兵太夫ら錚々たる人物が連なる会の出発であった。

山室は一九一一（明治四四）年の『公娼全廃論』に続き、一九一四（大正三）年には『社会廓清論』の大著を上梓する。この著作において「公娼廃止」を主張し、芸妓（げいぎ）と海外醜業婦との取締りについて論究した。とりわけ山室の特徴ある主張は六章の「海外醜業婦」の問題であり、「日本国民の恥辱」「淫売は日本人の恥晒し」といった表現にもそれが窺える。「私どもはこの際あらゆる手段方法を用い、官民共に協力して、在外の我が日本醜業婦を救護し、いかにも我が日本を、世界第一の醜業婦輸出国たる汚名と事実とにより脱（のが）れ出（い）でしめねばならぬ」と結んでいる。そして「公娼の全廃あるのみ」と、従来からの取り組みの一層の強い意志を表明した。

その具体的な廃娼の戦いは満洲（現、中国東北部）にも広げていく。『ときのこゑ』二五八号は「満洲に於ける日本婦人問題（下）」を掲載している。この号のサブタイトルは「彼等は醜業婦に非ず罹災者なり博愛義俠（ぎきょう）の子女よ彼等を救へ!!」である。ここに満洲小隊も設置され、満洲の廃娼と婦人救済事業が展開されていく。山室は大連婦人ホームでの実績を「今日までに七百人余りの不幸なる婦人たちを救護して来た」（『社会廓清論』）と記している。この廃娼と救済への戦いは日本人のいる外地でも展開され、大正・昭和へと引きつがれていった。

3 社会事業――明治末期の都市社会事業を中心に

W・ブースの来日

救世軍の社会事業は明治三〇年代、「出獄人救済所」や山室機恵子の婦人救済事業「婦人ホーム」の設置に始まり、一九〇二(明治三五)年一二月からは「愛隣隊」という救世軍の女兵士による貧困家庭訪問活動が開始された。一九〇四(明治三七)年六月、山室はロンドンで開かれた救世軍の第三回万国大会にブラード大佐らと初めて参加する。日露戦争中であったが、ここで山室はブース大将と直接会談し、日本の主体的な活動を申し出て容認された。以前、山室は「必要なのは救世軍の主義、精神に日本服を着せることである。其進撃的の運動を日本流に同化することである。日本人によって戦はれ、日本人に由て文へられ、日本人を救ふに適する日本流儀の救世軍を産み出すこと」(『ときのこゑ』六五号)が急務であると論じていた。この思いを込めた会談であった。この渡英を契機に山室の日本での救世軍での位置や指導性も高まっていく。

日露戦後、画期的なことは一九〇七(明治四〇)年四月、ブース大将の初来日である。背景には一九〇二(明治三五)年の日英同盟の締結があった。四月一五日夕、横浜に着した後、各地で歓迎会や講演会が催された。たとえば一八日午後には東京市の歓迎会が市会議事堂で催され、尾崎市長、大山元帥、渋沢男爵、阪谷蔵相等陸海軍人、実業家、政治家等々が多数参加し、山室もブースの講演を通訳した。二〇日にはW・ブースが明治天皇に救世軍の軍服のまま謁見し、救世軍の存在を人々に印象づけた。その後、前橋、仙台、名古屋、京都、大阪、神戸、岡山等の各地でも大歓迎を受け、さながらブースフィーバーを引き起こした。多くの民衆が彼を一目見ようと街頭に群がっていった。その時、W・ブースの言葉を名通訳したのが山室であり、救世軍や山室の活動は確実に市民権を得、救世軍の社会事業施設や活動も、明治末期には都市を中心に飛躍的に発展していく。裏を返せば、それは国家の社会事業がいかに貧困であったかの証左でもある。

都市社会事業の展開

一九〇六（明治三九）年一月、口入屋（職業紹介所）や木賃宿の事業が開始される。失業問題も徐々にではあるが顕在化し、加えて日露戦後の一〇〇万にも達する帰還兵の就職問題が浮上する。そして職業紹介所の設置は営利を目的とした紹介事業の弊害を無くしていく目的もあった。本所区花町に木賃宿箱船屋（後の無料宿泊所）が設けられた。これは「ノアと其一家族が大洪水の中を箱船にて助かった如く、浮世の波間にうきつ、沈みつする世の人々を止宿させ、之を有ゆる禍ひより救ひ出さん為の設備である」（『ときのこゑ』二四二号）と説明されている。そして救世軍の一膳飯屋も本所区花町の箱船屋の向い側に創設された。

さらに一九〇六（明治三九）年末より貧困家庭に慰問籠を配っていく「慰問籠事業」が開始されていく。この慰問籠には蜜柑、林檎、パン菓子、風船玉、絵紙、玩具、羽子、手帳、手拭、絵葉書、餅、紙、

『平民の福音』
(出典)『心は神に 手は人に 救世軍日本開戦100年記念写真集』救世軍本営, 1997年

筆等、おおよそ一五～二〇銭相当の生活用品、そして別に『ときのこゑ』や『救世叢書』、福音書等々の信仰の手引書の類が添えられていた。この慰問籠は、当初東京の代表的なスラムで配布されたが、次第に全国的に行われていくようになる。また一九一〇(明治四三)年の暮れから社会鍋の前身である慈善鍋(三脚鍋)が街頭に設置され、慰問籠の寄付や寄金を募っていくことになる。共に年末を彩る風物詩となっていった。ちなみに慈善鍋(社会鍋)は、たとえば「来る人に我は行く人慈善鍋」(高浜虚子)と俳句の季語となるほど民衆の心に焼き付いていく。

セツルメントと医療事業

救世軍の都市社会事業はさらにセツルメント事業にも及ぶ。一九〇八(明治四一)年九月、神田三崎町に大学殖民館の開館式を挙行した。山室は「大学殖民館は学生の為の純潔なる寄宿舎である。其特色は茲に寄宿する人々が無益に使ふ時間と精力とを以て世の貧民弱者を顧みることである。教育ある階級と教育の便宜なき平民、労働者との間に握手せしむることは是大学殖民館の特色である」(『ときのこゑ』三〇七号)とその趣旨を述べている。事業として学生の寄宿舎を設置し、一般学生に実行的の宗教を奨励し、実用夜学校を起こしたり、また通俗講壇会、慈善旅行やクリスマス会などを貧民の子弟や労働者のために各種の会合をしていくという、ユニバーシティー・セツルメントの事業であった。ここには程なく「法律顧問部」も置かれ、大学生が法律上の問題につき相談相手となる。一九〇九（明治四二）年一月には「無料代筆部」が、そして同年一一月には大学殖民館医療部が設けられ、貧民に対する救療事業を展開していくことになる。このように民衆のニーズに即時に応えようとする救世軍の姿勢が窺える。

一九一二（明治四五）年六月二〇日、台東区仲御徒町に救世軍病院が開院し、松田三弥（同志社中退、東京帝大卒）が院長に就任した。山室は病院の設立の趣意と由来として「耶蘇（やそ）が遍（あま）ねく経めぐりて善を行ひ、霊魂を罪より救ふと同時に肉体の病を癒し給ふたる其足跡を辿らん為である」（『ときのこゑ』三九八号）と述べている。救世軍は東京のスラムを戸別訪問し、医者に掛かれない窮民の世話をしていく巡回救護の制度も取り入れている。その活動を通して貧民と病気の問題、とりわけ「国民病」としてあった結核は、最重要の課題として認識されていく。結核療養所設立の課題はブース大将が死去した一九一二（明治四五）年、英国からの寄付金の申し出があり、「救世軍療養所設立に賛助を仰ぐ状」をもって設立運動が行われた。かくて一九一六（大正五）年一一月二三日、療養所の開所式が挙行された。この療養所の設立に心血を注いで挺身したのが妻の機恵子であったが、無理が重なり不幸にも設立を見ずして一九一六（大正五）年七月一二日、四七歳で天に召された。山室は直ちに『山室機恵子』を上梓し、機恵子の労をねぎらった。

このように明治末期は、救世軍において「都市社会事業が活発に展開された時期」（成田龍一『史観』一〇五号）であった。山室は「基督教と社会改良」（『開教五十年記念講演集』）の中で、一言に言うと「基督教は社会改良以上の宗教である。社会改良など云ふよりは遥かに遠大なる目的理想を有する宗教でありますとし、キリスト教は「神を世の中に紹介すること」「正義を主張すること」「愛を実行すること」「純潔の徳を唱導すること」「弱者を顧みること」「基督を紹介すること」「救の力を紹介すること」により社会を改良するものであると論じている（三〇一〜三〇四頁）。このように、救世軍の社会事業はキリスト教という宗教を基盤にして、遠大な使命の下にあった。そして民間の特徴を生かし、即効的にニーズに対応していったのである。

4 大正から昭和、そして戦争

関東大震災と昭和初期の社会

一九二三（大正一二）年九月一日正午前、関東地方を大激震が襲い、首都東京は未曽有の大被害を蒙った。救世軍も大震災で本営の建物を失った。山室はこの震災を「神の摂理」と捉え、「私共は此の深刻にして悲痛なる実物教育に、学ぶ所がなくてはならぬ」と述べる。地震と火との後の「涼しき御声」は「物質の頼まれぬこと」「人生の果敢なきこと」「罪の歓楽の空しいこと」「神を呼び求むべきこと」「赤裸にした人間の価値を知るべきこと」「人のなさけの最も大事なこと」「永遠の為に生くべきこと」を、それぞれ教えてくれる。そして「私共は地震と火事との後に、涼しき声の御声を聞かねばならぬ」(『ときのこゑ』六六六号)と論じている。内務大臣後藤新平は朝野をあげ帝都の復興に尽力し、経済学者福田徳三は「人間の復興」を唱えた。救世軍ではいち早く慰問隊、セツルメント、保育、救療、住居等救援活動を展開している。

昭和という新しい時代のスタートとともに、山室は日本人として初めての救世軍司令官に就任し、長年にわたる日本救世軍にとっての悲願が実現した。そして一九三〇(昭和五)年には、彼は「中将」へと昇進した。しかし昭和初期、世界恐慌や農村凶荒、十五年戦争が待ち受けていたのである。昭和初期は世界大恐慌にも見舞われ、貧困問題は大きな社会問題となった。かつて山室は、大正時代に一九二九(昭和四)年には救護法がようやく成立したが、公的な救貧政策はきわめて貧しかった。昭和初期は世界大恐慌にも見舞われ、貧困問題は大きな社会問題となった。かつて山室は、大正時代に「社会問題と基督教」の関係を論じ、「一切の社会問題の根底には人がある。而して其の人なるものは、決して物質のみにて満足せしむることの出来ぬ霊魂を有するものである。それであるから、社会問題を唯生産、分配の経済上より解き、又は権利、義務の法律上から解かうとしても、それだけではまだ満足でない。必ずや進んで人を霊魂を有つた動物として扱ふ、宗教上から解決に到達せねばならぬ」(『ときのこゑ』五九〇号)と指摘したが、この考え方は昭和に入っても同様である。

一九三一(昭和六)年、田川大吉郎は『社会改良史論』を著し、当時の日本で「救世軍以上に、多くの社会事業を営んで居る団体があらうか、あるまい。今日の日本に於て、救世軍の社会事業以上に、効力のある社会事業があらうか、あるまい。今日の日本に於て、救世軍の軍人以上に、熱心なる、真剣なる、信頼すべき社会事業家があらうか、あるまい。それ故に、今日の日本の社会事業は、ほとんど全く救世軍の社会事業である」とし、救世軍の社会事業は、その質、精神において「社会事業中の社会事業である。その冠冕（かんべん）である」（五七三頁）と高く評価した。加えて昭和初期から戦時中にかけて、山室が、「最後の血の一滴に至るまで民衆の聖書に注ぎたい」と言っていた『民衆の聖書』二四巻の刊行に漕ぎつけているのは注目すべきことである。

救世軍内部の改革運動と山室

一九三一（昭和六）年九月の満洲事変以降、日本は十五年戦争の様相を呈していく。一九三二（昭和七）年には満洲国をめぐってのリットン調査団の来日、そして国際連合の脱退、五・一五や二・二六事件が勃発し、次第に軍部の力が増大し、国家主義思想が強くなっていった。それは救世軍に内部にもあらわれ、とりわけ一九三七（昭和一二）年七月の日中戦争の勃発、そして翌年の国家総動員法、厚生省の設置等、いわゆる総力戦体制下において、救世軍の改革運動は激化していく。この改革の背景には排英運動という世論もあった。

一九三七（昭和一二）年四月、前年に続き救世軍内部から改革要求が出され、救世軍病院にて改革のための集会を持とうと画策する動きもあった。山室はこうした動きに対して、各連隊長を呼び、事態の収拾を図る。しかし五月になると「救世軍改革派同盟」が結成され、宇都宮大尉（救世軍病院長）、塚本大尉（村井学生寮主任）によって七項目の要求が突き付けられ、六月中旬には鈴木嶮路郎『救世軍の仮面を剝ぐ』や田中健三『日本救世軍の内幕をつく』というパンフレットが刊行されるに至る。

こうした問題が生じた同年六月と七月、山室は『ときのこゑ』に、「聊か弁ず」（九八九号）と「分裂にあらず」（九九〇号）の二論文を掲載する。山室は国家主義的立場からの批判を意識しながら、救世軍の方針を示し理解を求めていった。つまり、国家や戦争に対して、救世軍が如何なる立ち位置にいるかを明確に表明することであり、ひいては日中戦争に対して如何なる具体策をとっていくかである。その具体策の一つが「皇軍慰問活動」をとおしての国家への忠誠の表明であった。一九三七（昭和一二）年に北京南部の「石家荘」に「救世軍報国茶屋」を、一九三九（昭和一四）年には「済南診療所」を設置し、内地から派遣されてくる軍人のための施設を創設する。もちろん山室の論説には軍の中国侵略への痛みは表明されず、国家政策に追随していく面は否めないが、総力戦体制の中で日本救世軍の役割を表明し、その使命を訴える策しかなかった。

国家、権力、そして皇室

山室は一九三八（昭和一三）年、「尽忠報国、聖潔、救」（『ときのこゑ』一〇二〇号）の中でロマ書一三章に鑑み「ここに「凡ての人、上にある権威に服ふべし。そは神によらぬ権威なく、あらゆる権威は、神によりて立てらる云々」とあるのは、尽忠報国を教ゆるものである。パウロはロマの皇室に対して、その権威の神によって立てられたことを認めた。まして我が日本の如き、二千六百年の光栄ある歴史を有し、その上に万世一系の皇室を戴く有難い国柄に於ては、尚更皇室の神によれる権威を認め、又そ

救世軍慰問隊

（出典）『心は神に　手は人に　救世軍日本開戦100年記念写真集』救世軍本営，1997年

れに対する神の摂理の導を信ぜざるを得ない」と権威を論じ、それを皇室への尊崇として位置づける。

従来より救世軍と皇室との関係は親和的で深い。機関紙『ときのこゑ』には明治末期から皇室関係の記事が増えている。皇室と社会福祉との関係は密接であるが、とりわけ救世軍はそれが顕著である。この点に関して田中真人が「具体的な救いを行いうるために必要なものは、皇室であれ事業家であれ、善なるものとして割りきる実践家・事業家としての卓越した力量を、山室と救世軍は持ち合わせていた」（『山室軍平の研究』三三四頁）と評するように、山室の理想、具現化への現実的対応と捉えていくべきであろう。山室がこうした時代に現実的な救済を「善なるもの」と把捉し、目の前の民衆の救いに力点を置くことが、救世軍及び山室のとった道であった。

山室は一九四〇（昭和一五）年一月二三日、群馬県安中で行われた新島襄五〇周年記念会で、「時艱にして偉人を憶ふ」と題して講演し、「良心を手腕に運用する人物を造る」ことが新島の教育目標であったと述べている。しかし三月に入り身体は著しく衰弱し、同月一三日、六七年の生涯を閉じた。この闘病中の三月八日の第七五回帝国議会衆議院で、今井新造議員により山室の『平民の福音』が反国体の著書であると弾劾がなされ、発禁が命じられた。同年九月には救世軍は救世団と改称を余儀なくされ、救世軍は実質的に骨抜きにされていったのである。清沢洌が三月の『東洋経済新報』に「山室軍平の死」を書き、社会事業は目前の社会事象に適する仕事の性格ゆえ「国家の行政当局と富豪の同感協力を必須とするからその運動は国の伝統と国策の線に副(そ)はざるをえぬ」と山室の民間社会事業の貢献を評価し、救世軍に対する攻撃を「建築は難(かた)くして破壊は易い」と国家の姿勢を批判していることは注目すべきであろう。

おわりに

山室は『ときのこゑ』に毎号、健筆をふるい、そして伝道や社会事業のために粉骨砕身していった。その活動は政府の貧困対策を時には補い、時には越えるものであった。山室は救世軍をとおし、近代日本の影の部分に光を当てた。まさに「地の塩」となり「暗きを照らす光」となった。その根底には山室が尊敬した新島の唱導する「平民主義」、そして「良心」、「愛人」（「人を愛する」）という思想の影響があった。一般の歴史の中で社会事業家はほとんど無名に近いが、社会の中に底辺で蹲(うずくま)った人と関わり、一人一人の生存を大切にしていった。それをキリスト者の当然の行為として遂行していった強靱さが山室にはある。

内村鑑三や植村正久と比較し、山室には民衆伝道家という評価が一般的である。山室や救世軍に対しては、社会問題への本質的理解を欠くとして批判もあるが、救世軍は「他の基督教団体の手の届かぬ所」へ行き、「茅屋(ぼうおく)に住む大多数の人民」への奉仕という一貫性がある。山室は名もなき多くの民衆をキリスト教に導き、近代日本を生き抜いていった卓越したキリスト者・宗教家であり社会事業家であった。換言すれば、同志社時代に彼が人生の目的とした「無名の英雄、無名の豪傑」たることを実践したとも言える。マザー・テレサが多くの貧しい人々に直面し、「政治的解決」でなく「目の前の一人の人を救う」ところに出発点をもったように、あくまで今、ここで苦しんでいる人をみた時、それを如何に解決していくかである。それを彼は急進的な社会変革というより、第一義に人間変革に求めたというべきだろう。山室はそういう生き方をしたのである。

主要参考文献

山室武甫編『山室軍平選集』全一〇巻と別巻、山室軍平選集刊行会、一九五一―五六年
三吉明『山室軍平』吉川弘文館、一九七一年
救世軍機関紙『ときのこえ』復刻版、全二一巻・補巻一、不二出版、一九八七年
同志社大学人文科学研究所編『山室軍平の研究』同朋舎出版、一九九一年
室田保夫『キリスト教社会福祉思想史の研究――「一国の良心」に生きた人々』不二出版、一九九四年
室田保夫『近代日本の光と影――慈善、博愛、社会事業をよむ』関西学院大学出版会、二〇一二年

第10章　安部磯雄——理想と現実のはざまで

出原 政雄

安部磯雄肖像
（出典）『安部磯雄著作集　第6巻』学術出版会、2008年、扉

安部磯雄（あべ・いそお　一八六五—一九四九）は、一八六五（元治二）年福岡に生まれ、一八七九（明治一二）年同志社英学校に入学した。アメリカ・ドイツ留学を体験したのち、一八九九（明治三二）年東京専門学校（早稲田大学の前身）の教員に移籍している。一九二六（大正一五）年無産政党の党首に就任し、学者から政治家に転身した。

安部は、同志社出身のキリスト教社会主義者として、明治・大正・昭和と長い間、さまざまな分野で幅広く活躍した人物である。一方で各種の社会主義団体や昭和の無産政党による合法的な変革運動や、廃娼運動のような社会運動に参加し、他方で大学野球の普及などスポーツの世界でも尽力したことで知られている。そして非戦平和の思想と運動においても大きな役割を示したことは注目されるが、安部の立場は日露戦争時以来絶対平和主義の理念を長く堅持しつつも、残念ながら昭和の十五年戦争になると一転して戦争協力の方向に転換してしまった。この遍歴に示されているように、安部の生涯はまさに「理想」と「現実」のはざまを揺れ動く人生であった。

1 キリスト教社会主義者になるまで

同志社時代

安部は一八六五（元治二）年黒田（福岡）藩士岡本権之丞の次男に生まれたが、維新後の没落士族としての悲哀を体験したことが、のちに貧困問題を解決する思想として社会主義に関心を示す心理的背景をなしていたと考えられる。岡本から竹内を経て安部へと姓を変更したのは、おそらく合法的徴兵忌避をもくろんだ父親の計らいと思われるが、その想いに反して将来の進路に海軍軍人を志望した安部は、その準備として英語を学ぶ必要から、一八七九（明治一二）年に同志社英学校に入学することになった。当初キリスト教嫌いであった安部は、あるとき病気で生死の境をさまよったことをきっかけにしてキリスト教に興味をもち始め、やがて新島襄から洗礼を受けることになる。しかも同志社の自由な環境のもとで、いつの間にか海軍志望も消え失せていた。この同志社時代にもう一つ注目すべきは、早くから同志社の教育を担い、ほぼ半世紀教鞭をとり続けたラーネッド（D. W. Learned）より経済学を教わったことであろう。ラーネッド自身は講義の中で社会主義を批判的に紹介したのだが、没落士族として貧困を潜在的に実感していた安部は大いに興味を抱くようになり、ここに、精神としてのキリスト教と理論としての社会主義という安部の生涯を貫く二本柱が早くも形成されたといえる。

アメリカ留学

一八八四（明治一七）年に同志社を卒業した安部は、しばらく岡山教会で伝道活動をしていたが、アメリカ留学の機会を得て一八九一（明治二四）年にハートフォード神学校に入学した。興味深いことに安部の場合、実はこのアメリカ留学の期間に社会主義者としての立場が一層深まったのである。

当時のアメリカは、南北戦争が終結し産業資本主義が発達する中で発生したさまざまな社会問題に直面し、その解決を迫られていた。それ故、労働組合運動が活発になるだけでなく、教会も無関心ではいられず、慈善事業など社会問題に積極的に関与するようになり、神学校もその波に揺さぶられる。つまりキリスト教界も自己革新をめざして「社会福音運動」（社会変革によって地上に「神の国」をたてようとする運動）に取り組み始め、それに伴って大都市での社会事業が盛んになり、またキリスト教社会主義や革新的な社会学が広く注目を集めるようになる。安部は『社会主義者となるまで』（一九三二年）という自伝において、アメリカのキリスト

同志社時代

（出典）『安部磯雄著作集　第6巻』学術出版会、2008年、扉

教社会主義者ベラミー（E. Bellamy）が執筆した、未来の社会主義世界から現実社会を振り返るというユートピア小説『かえりみれば、二〇〇〇年―一八八七年』（Looking Backward, 1888）を読んで、社会問題の解決法として社会主義に開眼したと語っている。安部は、帰国後出版した『社会問題解釈法』（一九〇一年）において、各種の社会事業はいわば応急処置にすぎず、社会主義の確立によってはじめて社会問題、その中心をなす貧困問題の根本的改革が可能になると、その確信を披歴している。

アメリカ体験でもう一つ注目すべきは、安部の平和思想の基礎を形成したトルストイの絶対平和主義（いかなる戦争も悪として否定する考え）との出会いであった。安部の署名論説「トルストイ伯の宗教」（『六合雑誌』一八九五年七月一五日）をみると、トルストイの著作の中でも『神の王国は汝らのうちにあり』から大きな影響を受け、たとえば「一個人として人を殺すことが罪悪と見とめられんには、一国として他国を侵略し、一階級の人民として他階級の人民を殺戮するは、又これ罪悪にあらずやとは、トルストイが戦争に反対するの理由なり」と述べるように、トルストイの絶対非戦論の姿勢に共鳴していることがわかる。トルストイからの影響の大きさは、後述のように、安部が「社会民主党宣言」（一九〇一年）を起草したとき、軍国主義を批判し、しかも軍備全廃論まで主張していることに、端的に表明されているといえよう。

信仰遍歴

同志社時代に受洗した安部は、復刻された『安部磯雄日記――青春編――』（『新島研究』第一〇〇号別冊、二〇〇九年）をみると、アメリカ留学時代にはさまざまな会派の教会に通っていたことがわかる。一八八五（明治一八）年、会衆派のハートフォード神学校卒業後ドイツ留学に向い、聖書の歴史的研究を深めるためにベルリン大学のハルナック（Adolf von Harnack）のもとで勉学を継続するつもりであったが、残念なことに道半ばで帰国せざるを得なくなった。帰国後、安部はしばらく同志社の教員を務めていたが、一八九九（明治三二）年、突如として東京専門学校（早稲田大学の前身）に移籍している。その理由は学内での教育方針をめぐって意見が対立したためといわれているが、おそらく宣教師との間での信仰上の摩擦がその背景にあったのではないかと想像される。

安部は移籍する前に、すでにユニテリアン協会に属していたらしい。アメリカに留学したとき、ユニテリアン派の拠点のひとつハーバード大学神学部に留学していた同志社時代の学友の岸本能武太から感化されたのかもしれないが、そのときユニテリアンになったかどうかはわからない。しかし安部の場合、当初から聖書の奇蹟物語やキリストの復活に疑問を抱いていたことから、聖書解釈において合理主義的理解を導入したユニテリアン派に共鳴する要素は、早くから内包されていたと考えられる。東京専門学校に移籍できたのは、同じ学友の村井知至の世話であったが、村井もすでにユニテリアンになっていた。安部は東京に移ってからユニテリアン協会の機関誌『六合雑誌』の編集長を務め、この雑誌を社会主義の紹介雑誌に変え、西欧社会主義思想の普及に尽力しただけでなく、「ロシア打つべし」という世論の高まりの中で、この雑誌を舞台に日露非開戦論を精力的に展開した。このことが反発を招いたのかはよくわからないが、一九〇四（明治三七）年に、安部は岸本・村井とともにユニテリアン協会を退会している。

2　社会主義運動の実践と離脱

社会民主党の結成

日清戦争後の産業資本主義の発展とともに日本でもさまざまな「社会問題」が発生し、その解決方法をめぐって各種の研究会・学会が結成され、盛んに議論がかわされた。なかでも一八九八（明治三一）年に結成された「社会主義研究会」（会長・村井知至）が、社会変革の実践活動をめざして一九〇〇（明治三三）年に「社会主義協会」へ発展改組されたとき、会長に就任したのが安部磯雄であった。さらに翌年には日本で最初の社会主義政党として「社会民主党」が結成された（即時禁止）が、そのときも「宣言」の執筆はおのずと安部に任された。この「宣言」には、「我党は世界の大勢に鑑み、経済の趨勢を察し、純然たる社会主義と民主主義に依り、貧富の懸隔を打破して全世界に平和主義の勝利を得せしめんことを欲するなり」とあるように、社会主義と民主主義と平和主義が三本柱に位置づけられたことが注目される。

興味深いのは、第一に、「万国の平和を来す為には先づ軍備を全廃すること」という軍備全廃の提唱が、土地・資本のような「生産機関」の公有化など社会主義的変革目標よりも、八つの「理想」の上位に置かれていたことである。軍備全廃論は、安部が参照した欧米の社会主義政党の綱領には見出されない項目であり、先述のようにトルストイの絶対平和主義の影響であることはいうまでもない。ここに示された軍事力によらない世界平和の確立という展望は、今でも実現できないことを考えれば、この提唱は現代の世界にも響く呼びかけであろう。第二に、社会主義と民主主義が車の両輪とみなされる観点から、普通選挙制・公平選挙法の採用、国民投票制、治安警察法の廃止など多くの民主主義的な要求も重視された。とくに富だけでなく教養も公平に分配されるべきという安部の考えに基づき、ここでは教育の機会均等や義務教育の無償制が提唱されるとともに、その根底には「教育は人生活動の泉源にして、国民たるものは誰にても之を受くるの権利を有する」(「宣言」)として「教育を受ける権利」にまで言及されていたことは特筆に値する。

安部は社会主義の実現方法として合法的議会主義を提唱していたが、この立場は基本的に生涯堅持された方針だった。しかし当時の社会主義運動の中心が、安部たちのキリスト教社会主義者から幸徳秋水らの唯物論派の社会主義者に移るにつれて、戦略や実践が過激となる幸徳らのラディカリズムに違和感を覚えた安部は、運動から離脱することになった。離脱の時期が、ちょうど社会主義者を一網打尽にしようともくろまれた大逆事件(一九一一〈明治四四〉年)の前であったために、幸運にも安部はこの権力犯罪に巻き込まれずに生き残ることができた。

日露非戦活動

一九〇四(明治三七)年二月に勃発した日露戦争前後の安部の平和主義について検討してみると、先述のように、勃発以前には日露主戦論が蔓延しているなかで、安部は開戦反対論を『六合雑誌』を舞台に果敢に主張する姿勢を示していた。ところが戦争に突入するや、「既に日露戦争の始まりたる以上は今更これを旧に復することは出来ぬ。唯吾人の熱心希ふ処は今回の戦争によりて大いなる平和の東洋に確立せられんことである」（「平和を来す一手段」『六合雑誌』同年三月）と述べるように、もはやいたしかないというあきらめの心境とともに受け入れ、安部の焦点は戦争後の平和構想に移ってしまっている。安部はむろん日露戦争そのものを肯定したわけではないが、戦時中でも週刊『平民新聞』紙上において高く非戦の旗をかかげ続けた幸徳らの活動を側面から援助するにとどまっている。その主たる要因は、多くのクリスチャンが直面する「悪（＝戦争）に抗することなかれ」というキリスト教的無抵抗主義の理解をめぐって、安部は文字通り解釈し、戦時中の抵抗には消極的だったことに由来する。これに対して、無抵抗主義の戒律を暴力でもって抵抗しないと解釈したトルストイの論理には、当然非暴力の抵抗なら許容される余地があり、その有効な手段として良心的兵役拒否が擁護され、この行為を通して軍隊の解体から戦争の消滅を導くことが展望された。安部の方は、トルストイとは異なり兵役拒否の提案には賛同せず、ここでも徴兵制が強要されればしかたがないと受け入れている。つまり安部の考えには、軍備全廃による世界平和の実現という理想の堅持と、戦争勃発の追認や徴兵制の容認など既成事実への追随という姿勢とが同時に並列し、無造作に乖離していることが認められ、この思考のパターンがのちの思想的転回を促す要因になったのではないかと推測される。

戦後の平和構想

安部の戦後平和構想としてとりわけ注目すべきは、開戦直後に出版された『地上之理想国瑞西(スイス)』（一九〇四年五月）に見出される中立主義の構想であろう。そのなかで「自由、平等、平和の横溢(おういつ)する瑞西」のような中立国の増大こそが世界平和を実現する最適の方策とみなされた。こうした構想は、おそらくロシアの著名な国際法学者マルテンスに示唆を受けたと推測され、マルテンスがヨーロッパでの平和構築の突破口としてデンマークの中立化を提唱したのに対して、安部は東洋の平和のためには、清国と韓国（一八九七年に大韓帝国と国名変更）を中立国にするだけでなく、何よりも日本の中立化の重要性について語っている。その際「我国が各国条約の公文に於て中立国たるを認識せらるる」（「支那処分私案」『六合雑誌』一九〇〇年七月）ことと言うように、スイスやベルギーと同様に永世中立方式（条約で中立を保持する方式）の採用を提案しているが、この提案は、安部の場合、年来の軍備全廃の理念と結合して日本は非武装の永世中立国になることが希望された。日本が非武装永世中立国になれば、もはや防衛や軍備に頭を悩ますこともなくなり、そのぶん国力を道徳・経済・教育の向上に振り向けることが可能となるというのが安部の考えであり、この構想も将来の日本の行く末を考えるにあたって良きヒントを与えてくれるにちがいない。

3 大正デモクラシー期の思想と行動

社会主義モデルの変更

安部は、大逆事件以後の社会主義者にとって苦難の冬の時代のなかで、学者の立場から比較的自由に社会主義の言論活動を展開し、しかも第一次大戦期における平和主義の言論については、ほぼ一人で担っていたといってもさしつかえない。

最初に第一次大戦期における安部の社会主義の思想と活動に着目すると、安部の場合、社会主義のモデルは、前掲の『社会問題解釈法』に示されているように、明治後半期にはマルクスからフッサールを経てベーベルに流れる「独逸の社会主義」であったが、一九二〇年代にはイギリス社会主義にシフト転換していることが注目される。たとえば一九二一（大正一〇）年出版の『社会問題概論』において、安部は、「労働組合を基礎として社会主義を実現せんとするギルド社会主義の主張には私共が大いに注意せねばならぬ真理が含んで居るやうに思ふ」と述べ、ギルド社会主義への共鳴を明言している。ギルド社会主義とは、第一次大戦前後からフランスのサンディカリズムの影響を受けてイギリスで台頭し始め、職能別組合（ギルド）を中心に資本家から産業支配権を取り戻し、他の社会団体と協力して民主的社会を形成することを目的とした社会運動である。安部の場合、労働組合を総同盟罷工（ひこう）（ゼネスト）による社会変革の主体とみなす急進的なサンディカリズムに共鳴していた時期もあった。たとえば「欧州戦争ト社会主義」(『経済学・商業学・国民雑誌』一九一六年五月)において、戦争反対のための各国間のゼネストの連帯を、社会主義者や労働者階級が戦争防止の有効な対策として考慮すべきと主張している。ところが、産業自治の下で労働者の利益分配の拡大をめざす漸進主義的なギルド社会主義に傾斜するのも、過激な階級闘争や暴力革命を認めない当初からの温和な社会主義の必然的な結果である。前述のように、安部は日露戦争前に「社会民主党」の結成に尽力したが、それは明らかにドイツ社会民主党の合法的議会主義に共鳴したからであった。一九一七(大正六)年のロシア革命によって成立した社会主義政権には認識を深めつつも、やがて無産政党の党首時代にソ連主導の国際共産主義組織(コミンテルン)に対する対抗意識を抱くようになるのも、武力革命への反発があったからではないかと推測される。

『社会主義者となるまで』
(出典)『安部磯雄著作集　第6巻』学術出版会、2008年、扉

このギルド社会主義への傾斜は、安部の中で一九二〇年代の「産業民本主義」の提唱を生み出した。それは、産業自治の実現によって資本主義社会を改革しようとする考えであり、いわゆる社会的デモクラシーの現われとみなし得る。具体的には、個々の会社で得られた利益を労使双方で分配し、労働者はその利益で株券を取得し徐々に会社の経営権を掌握するという、いわゆる利益分配主義に基づく資本主義廃絶論がその中心的な内容をなして

いた。しかしこうした主張は、後述のように、満洲事変以後に安部の中に生じたいわゆる国体論の浮上とともに「産業奉還論」に包摂されてしまう。「産業奉還論」とは、資本家の所有する重要産業や土地を天皇に奉還し国家管理に移すことを求めたものである。そもそも安部の社会主義の理解には、富の公平な分配をめざす分配論にウェートが置かれていたから、その分配の担い手として国家の役割を重視する思考が内包されていた。その点で、国家の役割を否定しないギルド社会主義への傾斜から「産業奉還論」などの国家社会主義的な思想傾向への転換は驚くべきことでないのかもしれない。

平和思想の継続と問題点

第一次大戦期における安倍の平和主義は、「わたしはトルストイと同じく無抵抗主義を奉じ、トルストイと同じく非戦論を奉ずる」(「トルストイの無抵抗主義」『トルストイ研究』一九一七年三月)と述べるように、基本的にはトルストイ流の絶対平和主義を継承しようとしている。たとえば「軍備を全廃すべし」(『廓清(かくせい)』一九二二年一一月)と題する論説が、ちょうど第一次大戦後のワシントン軍縮会議のころに公表され、軍縮の合意が獲得されるなら、軍備は「一思ひに撤廃されなければならない」と訴えていた。この考えは、大戦後の安部の平和構想として提唱された国際紛争の平和的解決の方策の中にも見出すことができる。その方策とは、国際紛争を仲裁裁判所で解決するには、各国から提供された「共通の軍隊」の活用によって裁決の実効性を確保するだけでなく、その効果を確実なものにするためには各国も常備軍を撤廃することを求めている。

日露非戦論の中で安部は、社会主義者の立場を堅持しながらも、不思議なことに戦争防止の方策としては、もっぱら自由貿易主義の活性化という自由主義者の見解を提唱していたが、第一次大戦期には、戦争は資本家の利益のために引き起こされ、逆に労働者には犠牲と負担ばかりで何の利益ももたらさないから、労働者の増加とともに戦争の開始は困難になるだろうと予想し、いわば階級的戦争観を強めていたことが注目される。おそらくそれは、労働者の国境を越えた横の連帯が国家間の戦争を防止すると唱えるノーマン・エンジェル（Norman Angel）の影響ではないかと思われる。ノーベル平和賞受賞者でもあるエンジェルは、大正期の平和思想の展開に大きな影響を与えた人物で、戦勝国ですら経済的利益を獲得できるわけではないと説く彼の『大いなる幻想』（The Great Illusion, 1911）を、安部はいち早く『現代戦争論』（一九一二年）と題して翻訳している。

第一次大戦の勃発とともに、西欧各国の主要な社会主義政党はこぞって「祖国防衛」というスローガンを立てて戦争協力に走った。この事態を受けて、安部は一方で第二インターナショナル（一八八九年に結成された各国社会主義政党の国際的連合組織）が蓄積してきた反戦平和運動の伝統に対する裏切りと非難するが、他方で祖国防衛のための戦争に理解を示している。しかも第一次大戦中の日本のドイツへの参戦について、「我国が独逸に宣戦したのも、畢竟独逸の軍国主義を撲滅し、以て世界人類を平和の安きに置かんとする正義の観念に基いたのである」（「戦争は人生の大不幸事」『中外』一九一七年一〇月）と述べるように、ここでもこうした正戦論の表明は明らかに絶対平和主義の立場と矛盾するはずだが、論理的に突き詰められた形跡はない。こうした問題を思想内部にかかえながらも、安部は、まだこの時期には中国への帝国主義的膨張を促進させる対華二一カ条要求を明確に批判しているし、「日支の平和」と「日支の親善」を確立するには、中国国内での日本の権益を放棄する必要を訴えていたことを忘れてはならない。

4 十五年戦争期の思想的転回

無産政党の党首

一九二五(大正一四)年制定の男子普通選挙制の導入による新しい政治状況のなかで、合法無産政党の結成が日程にのぼり始めたとき、安部は早稲田大学での学者の地位を投げ打って政治の世界に転進し、翌年一二月、右派の無産政党として結成された社会民衆党の委員長に就任した。安部が学者から政治家に転身した目的と理由は何だったのか。安部の証言によれば、人々の心の平安や魂の救いをめざして無報酬の奉仕活動に従事している伝道者のような気持ちで政治家を志したと言っている。しかも「私共は政治界の廓清(かくせい)には既成政党は眼中にない。これから生れる無産政党に対して唯一の望みを掛けることが出来る」(「政治の廓清」『廓清』一九二六年三月)と述べるように、安部は新しく組織する無産政党なら、「宗教家の精神で政治をしてゆこうと思っている」(「政界に入るに際して——宗教の精神で政治運動をする——」『婦人之友』一九二七年三月)という自己の希望をかなえてくれるであろうと期待したからであった。政治の世界でしばしば顕在化する敵・味方の争いに遭遇したとしても、「汝の敵を愛せよ」

の精神で対応しようと答える安部の宗教的寛容の姿勢は、以前からの温和な社会主義者としての気質をストレートに表明したものにすぎないとはいえ、この無限抱擁的な姿勢は、とりわけ厳しい対決姿勢を要請される十五年戦争の時代において、重大な結果を生むことになる。一九三一(昭和六)年に満洲事変が勃発するや、社会民衆党が軍部の満洲侵略を追認し、戦争協力の方向に歩み出したとき、安部は、こうした危険な動きを党首の立場から制止するのではなく、逆にみずからも同党の戦争協力の方向に同調してしまい、以後その姿勢が是正されることはなかった。戦争協力を党内で推進していた赤松克麿らの国家社会主義グループが脱党していったときは、安部にとって党の方針を軌道修正する絶好のチャンスであったはずだが、積極的に動こうとしなかった。

一九三二(昭和七)年七月に、社会民衆党が中間派の全国労農大衆党と合同して社会大衆党を新たに結成したときも、安部は再び委員長に就任した。社会大衆党は反ファシズム・反帝国主義の方針をかかげていたが、安部のもとでこの方針が貫徹されることなく、一九三七年七月七日に勃発した盧溝橋事件を契機にした日中全面戦争に直面したとき、またもや現実追従の姿勢が強まることになった。安部は委員長として、いち早く官邸に赴き、近衛文麿首相に「挙国一致」に加わることを表明したのである。安部は日中戦争を戦う日本側の意図を、「にくゝしては打たぬものなり笹の雪」という俳句に託して語ったが、竹そのもの(中国民衆)を助けるために笹の雪を落としているという意味で日中戦争を正当化した。

周知のように、民政党の斎藤隆夫が一九四〇(昭和一五)年二月に近衛声明をめぐって日中戦争終結の見通しを厳しく問い糾した、いわゆる「反軍演説」に関して、斎藤の議員除名処分が大きな政治問題となったとき、安部は処分不同意の立場から本会議を欠席し、まもなく社会大衆党を離党した。その直後、同党は自主的に解党し、同年一〇月に戦争推進の中央組織として結成された「大政翼賛会」に合流するが、安部自身はその決定にかかわる汚名だけはまぬかれたのである。

絶対平和主義のゆらぎ

学者から政治の世界に転身し無産政党の党首に就任した安部が、満洲事変や盧溝橋事件の勃発のたびに、戦争協力の方向にズルズルと移行してしまったことは、日露戦争の時期に「若し平和が人道であるならば、平和を世界に宣言して、それが為に一国が亡びても善いでは無いか」(「非戦論演説の記」『平民新聞』一九〇三年一一月一五日)とまで主張した平和への熱き想いからみると、その落差の大きさに改めて驚かざるを得ない。そこには、「悪に抗することなかれ」という戒律をめぐって、眼前の悪＝戦争をしかたなく受け入れてしまう、安部のいわゆる諦観的な無抵抗主義の姿勢が、この時期にも顔を出したと推測できる。

第二に、安部の内心で絶対平和主義への疑念が生じたことが想起される。安部は、満洲事変前に「世界を通じて宗教の力が平和といふ方面に余り伸びて行かないやうである」と語ったように、トルストイ流の絶対平和主義の信念にゆらぎが生じ、十五年戦争が始まるや「私共は決して絶対的の平和論者ではない」(「国際平和の中心問題」『廓清』一九三四年一一月)と信条告白するにいたった。そうした絶対平和主義への信念のゆらぎは、また神の存在に関して、「私も宗教生活の最初に於ては神の存在を信じて居た。然し人類愛の修養に多少の進境を見るやうになってから、神の存在ということは全く重大性を失ふやうになつた」（『私の忠君愛国観』一九三四年）と語るように、安部の宗教的信仰の内実の変化がそこに大きく作用していたように思われてならない。神の存在を否定したうえでの人類愛は、結局のところ「忠君愛国」という偏狭なナショナリズムの精神に行き着いてしまった。

第三に、安部の思考方法において、絶えず絶対理念の標榜と現実主義的状況判断が無媒介に同居していることが認められる。たとえば、絶対平和主義から引き出された軍備撤廃の理念はかなり長く持続されながらも、他方で第一大戦期には祖国防衛のための「国防主義」や正戦論的観点が容認されていた。安部の場合、このように理念と現実認識を架橋する論理が深められないから、絶対平和主義への信念にゆらぎが生じると、おのずと現状追随の姿勢が顕著になるのも必然的な結果であったと考えられる。

5　思想遍歴の光と影

これまでキリスト教社会主義者として著名な安部磯雄の思想と行動の軌跡を概観してきたが、その軌跡には光と影が鮮明に見出される。

安部は、明治後半期における西欧社会主義の紹介や大正期における冬の時代のなかでの活発な社会主義論の展開など重要な役割を果たしているが、満洲事変前後になると、国家社会主義的傾向が顕著になった。安部は、国家総動員体制下における軍部主導の統制のなかに社会主義的統制経済を読み込もうとしたりしている。分配論に傾斜する安部の社会主義理解の特徴にみられるように、社会主義建設における国家の役割をいかに考えるかは、今でも難しい課題であろう。このように安部における社会主義論の変遷の軌跡は、社会主義社会の実現をめざそうとするとき考慮すべき諸課題を気付かせてくれる。今やソ連・東欧諸国において社会主義の実験が失敗したといわれているが、安部の社会主義への接近にみられるように、そもそも貧富の差を解消し公平で豊かな社会を打ち立てる思想として受容した原点に立ち返って、社会主義の有用性を改めて見直す余地があるのではないだろうか。一九九一（平成三）年末のソ連崩壊後に開かれたある座談会で、丸山眞男が「この頃、いよいよ本当の社会主義を擁護する時代になったなあ、という気がしているんです」（「夜店と本店と――丸山眞男に聞く――」『図書』一九九五年七月、傍点は引用者）と語っていたことが示唆的である。

そして安部の平和主義は、トルストイの絶対平和主義の影響のもとで、軍備撤廃による世界平和の実現という人類的課題を提起していた。ところが安部の場合、十五年戦争時に戦争協力の方向に暗転したのは、前述のように絶対平和主義にゆらぎや疑念が生じたからであったが、やはり宗教的信仰に支えられた平和への絶対的信念に陰りが生じたことが大きかった。同時に留意すべきは、第一次大戦時に示された、侵略を意味する「軍国主義」は否定されても、祖国防衛のための「国防主義」は肯定されるにいたった点である。国家を防衛するための「国防主義」が擁護されてしまうと、そのために設置される国防軍が常に無際限に拡大され、しかも海外侵略に利用される危険性を伴うことになり、安部の場合、祖国防衛のために備えが必要という納得しやすい観点が、実は絶対平和主義の理念を知らないうちにむしばんでいった事実を忘れてはならない。他方で安部自身があるとき語っていた、自国の軍隊は防衛のために存在し、他国の軍隊は侵略のために存在するという固定した観念に多くの国民はとらわれやすいという指摘には、現在からみても味わい深いものがあり、安部の言動の中にはまだまだ示唆深いものが含まれているように思われる。

参考文献

片山哲『安部磯雄伝』毎日新聞社、一九五八年。復刻『安部磯雄伝』大空社、一九九一年
井口隆史『安部磯雄の生涯　質素之生活高遠之理想』早稲田大学出版部、二〇一一年
山泉進編集・解題『安部磯雄』平民社百年コレクション第三巻、論創社、二〇〇三年
早稲田大学社会科学研究所安部磯雄研究会編『安部磯雄の研究』早稲田大学社会科学研究所、一九九〇年
出原政雄「平和思想の暗転――十五年戦争期の安部磯雄――」『同志社法学』五九巻二号、二〇〇七年七月

執筆者一覧（執筆順，＊印は編著者）

＊沖田 行司（おきた　ゆくじ）　第1章，第7章
奥付参考

鈴木 敦史（すずき　あつし）　第2章
びわこ学院大学教育福祉学部准教授

辻　富介（つじ　とみゆき）　第3章・コラム１
灘中学校・高等学校教諭

望月 詩史（もちづき　しふみ）　第4章，第8章
同志社大学法学部准教授

榎本 恵理（えのもと　えり）　第5章・コラム２
びわこ学院大学教育福祉学部准教授

宮坂 朋幸（みやさか　ともゆき）　第6章
大阪商業大学総合経営学部准教授

室田 保夫（むろた　やすお）　第9章
京都ノートルダム女子大学特任教授・関西学院大学名誉教授

出原 政雄（いずはら　まさお）　第10章
同志社大学名誉教授

《編著者紹介》
沖田 行司（おきた ゆくじ）
1948年 京都府生まれ
同志社大学大学院文学研究科
文化史学専攻博士後期課程修了
同志社大学社会学部教授

主要著書

『新訂版 日本近代教育の思想史研究』学術出版会，2007年.
『藩校・私塾の思想と教育』日本武道館，2011年.
『日本国民をつくった教育――寺子屋からGHQの占領政策まで』ミネルヴァ書房，2017年.

新編 同志社の思想家たち 上

2018年5月20日 初版第1刷発行 ＊定価はカバーに表示してあります

編著者の了解により検印省略

編著者 沖田行司©
発行者 植田実
印刷者 西井幾雄

発行所 株式会社 晃洋書房
〒615-0026 京都市右京区西院北矢掛町7番地
電話 075(312)0788番（代）
振替口座 01040-6-32280

装丁 野田和浩
印刷・製本 ㈱NPCコーポレーション
ISBN978-4-7710-3055-8